3배 더 빨리 외워지고 3배 더 오래 기억되는 **초단기 뇌과학 영단어 암기비법**

닥터보카
필수영숙어 820

닥터보카
필수영숙어 820

....

편저자 이홍재
발행인 양승윤
발행처 ㈜용감한컴퍼니
등록번호 제2016-000098호
전화 070-4603-1578
팩스 070-4850-8623
이메일 cs@bravecompany.net
ISBN 979-11-88951-45-1
정가 12,000원

이 책은 ㈜용감한컴퍼니가 저작권자와의 계약에 따라 발행한 것이므로
본사의 허락 없이는 어떠한 형태나 수단으로도 이 책의 내용을 이용하지 못합니다.
잘못된 책은 구입처에서 교환해 드립니다.

머리말

닥터보카, 숙어학습의 뇌과학 시대를 열다

　드디어 닥터보카 숙어편이 세상에 등장했습니다. 이것은 분명 다른 different 책입니다. 언어학적 분류를 넘어서 스토리와 통합 이미지를 통하여 재미있게 숙어를 공부할 수 있는 길이 열린 것입니다. 필자는 그동안 영어단어에 대한 뇌과학 기반의 닥터보카 어휘집을 완성하여 단어에 대한 라인업을 끝냈습니다. 이러한 와중에 항상 숙어편을 집필해야 겠다는 생각이 머리를 떠나지 않았습니다. 그래서 시중에 나와 있는 거의 모든 숙어 관련 자료와 국내외 자료를 찾아보았습니다.

　자료를 찾다보니 점점 더 기하급수적으로 증가하는 지식의 양으로 무엇을 선택해야 할지 어떻게 해야 할 지 학습자에게는 더 힘들어지는 세상으로 변하고 있음을 절감하게 되었습니다. 만약에 기존의 책들과 차별화되지 않은 그러한 책을 만들어 세상에 내놓는다면 이러한 학생들의 부담만 가중시키는 결과만 초래하게 될 것입니다. 필자는 분명히 다른 책을 만들고 싶었습니다. 다른(Different) 책을 만들기 위해서, 숙어 분야에 있어 그동안 축적된 거의 모든 지식을 분석하였다고 자부합니다. 그리고, 저자가 갖고 있는 뇌과학적 지식과 새로운 아이디어를 독자가 잘 이해하고 활용할 수 있는 콘텐츠로 만들기 위해 가용한 모든 지혜를 이끌어내려고 마음을 기울였습니다. 이런 것을 바로 창조의 고통이라 할 것입니다.

　필자는 어휘학습 발전단계를 1세대 무작정 암기하기, 2세대 언어학적 분류에 기초한 공부, 그리고 3세대는 뇌과학적 원리 기반 학습으로 구분할 수 있다고 봅니다. 최근 많은 연구들을 통하여 숙어도 전치사 중심, 동사 중심으로 분류하여 그냥 무작정 암기하던 세대를 탈피하려고 시도하는 움직임을 볼 수 있습니다. 그러나, 대부분 여기에 머물러 있습니다. 책들이 양적으로는 폭발해 있으나, 뇌과학적 기억원리에 기반한 숙어콘텐츠는 없다고 판단됩니다. 숙어는 영어공부하는 사람에게는 필수입니다. 영어회화, 영어시험, 책읽기 등에 절대적입니다. 그러나, 개별단어 암기와는 더 어려운 공부입니다(목차 나눔에 나오는 '숙어의 정체와 공탁빙법' 참조). 닥터보카 숙어편은 가장 쉽고 가장 기억이 잘되도록 준비된 이미지텔링 기반의 책입니다. '

　닥터보카 숙어편은 반드시 기억나게 해줍니다.

저자 이 홍 재

숙어의 정체와 공략방법

영어 공부하는데 가장 힘들어하는 것 중의 하나가 바로 숙어이다. 너무나도 쉬운 단어이지만, 전치사나 부사등과 조합되면 전혀 다른 뜻이 되는 경우가 많기 때문이다. 닥터보카가 그 길을 제시하고자 한다.

I. 정의 ▶ 숙어란 무엇인가?

숙어란 2개 이상의 단어가 결합하여 특수한 뜻을 나타내는 말을 의미한다. 각각의 단어들을 합쳐서 뜻을 헤아려 알 수 있는 것들도 있지만, 단어의 뜻만 가지고는 알 수 없는 경우도 많다. 예를들어 by the way는 '길에 의하여'가 아니라 '그런데'라는 뜻이다.

II. 이유 ▶ 왜 숙어공부를 해야 하는가?

1) 글에서 숙어가 차지하는 비중

문장은 단어와 숙어의 조합으로 만들어진다. 숙어가 없이는 글이 만들어지지 않는다. 그런데, 원어민들은 어려운 단어보다 쉬운 단어를 조합해서 말을 만들어 쓴다. 이들에게는 쉬운 단어로 조합하는 것이 보다 경제적이겠지만, 원어민이 아닌 사람들에게는 이렇게 쉬운 단어들 때 문에 더 어렵게 느껴지게 마련이다. 예를들어 have는 혼자 사용되면 '가지다'라는 뜻을 가진 쉬운 단어이다. 그러나, 쉬운만큼 변화무쌍한 애물단지 동사이다. 그런데, 왜 have를 영미인이 가장 많이 사용할까? 바로, have가 손에 잡히는 가장 쉬운 동사이기 때문이다.

다음 도표를 보면, 현대 미국영어 코퍼스(언어의 본질적 모습을 총체적으로 드러내 보여 줄 수 있는 자료의 집합)를 분석해 보면, 숙어를 만드는 주요 동사가 차지하는 비중을 알 수 있다.

순위	주요단어	빈도수	순위	주요단어	빈도수
1	have	2,090,048	4	make	410,532
2	get	582,761	5	take	333,477
3	go	429,982	6	come	310,137

※ 45,000,000 단어 [총 190,000 텍스트 집합]에서 각 단어의 빈도수

이렇게 몇 안되는 동사가 만들어 내는 숙어를 체계적으로 학습하지 않고서는 영어문장을 제대로 학습하는 것은 불가능하다고 할 수 있다. 본서는 이러한 핵심동사를 통해 만들어지는 주요 숙어를 체계적으로 분류하고 학습할 수 있도록 하였다.

2) 시험과 숙어

숙어는 시험과 직결된다. 경쟁이 치열해 지면서 시험의 당락이 1~2문제로 결정되는 상황에서 시험에 직결되는 숙어를 암기하는 것은 절대적이라 하겠다. 인터넷에 영어 시험관련 정보를 검색해 보면 공무원 영어 숙어, TOEIC 숙어, 편입 영숙어, 수능대비 필수 숙어 등 키워드가 상당부분을 차지하고 있다. 그만큼 실제 시험 성공과 숙어는 불가분의 관계에 있다는 것을 대변해 준다.

직접적으로 숙어 자체를 묻는 질문 외에도, 동의어를 찾는 문제, 문장완성 유형의 질문, 생활회화 숙

어 등 숙어의 의미를 제대로 알고 있어야 하는 간접적인 문제도 반드시 등장한다. 또한 숙어가 관용적 표현으로 익숙한 속담을 통해 독해 지문을 이해하고 있는지 측정하는 시험도 많다. 시험 출제자는 수험생의 허점을 보고 있다. 쉬운 단어로 구성된 숙어들이라고 하여 간과하기 쉬운 것들, 여러 가지 뜻이 있는 다의숙어 등의 함정을 올바로 알고 제대로 대처해야 한다.

3) 영어 이해(듣기, 읽기), 표현(회화, 작문)

모든 언어는 제대로 이해하느냐, 그리고 자신의 의견을 표현할 수 있느냐는 두가지, 즉 이해와 표현의 문제로 귀결된다. 그래서 이해에 초점맞추어 진행되던 시험에서 표현을 중시하는 비중이 증가하고 있다. 글을 쓰거나 대화를 할 경우에 필수적으로 사용되는 것, 그것은 숙어이다. 모두들 쉬운 단어만 알고 있어도 일상회화를 할 수 있다고 강조하는 사람들이 많다. have, get, make, come, go, take 등과 같은 쉬운 단어들 말이다. 이들 단어만 외워서는 실전회화에 응용하기 힘들다. 좀더 정확하게 말하자면 이들로 만들어진 숙어를 알아야 한다. 이들 단어로 조합된 숙어로 인간 생활사의 대부분을 표현하기 때문이다.

동사와 전치사 부사 등이 붙어서 만들어 지는 표현들을 익히면 독해도 빨라지고, 작문도 길게, 회화도 오랫동안 할 수 있다. 빠른 독해를 원하는가? 여느 사람처럼 글도 잘쓰고, 회화도 유창하고 오랫동안 말하기를 원하는가? 숙어를 공부하라.

III. 어떻게 ▶ 숙어를 어떻게 공부해야 하는가?

1) 기존 학습의 실패원인

숙어 공부에 대한 두가지 주장이 있다. 공부하지 마라, 무조건 외워라. 학생들은 누구 말을 들어야 할지 혼동스럽다. 닥터보카는 중용의 도를 추구한다. 공부를 하되 합리적으로 해야 성공한다. 극단적인 것은 결국 실패를 가져온다. 그 원인을 살펴보자.

• 숙어는 없다 ?

영어를 배우는 사람의 바램은 숙어나 단어를 외워야 하는 압박감에서 해방되는 것이다. 그래서 공부하지 마라, 외울 필요가 없다라고 하는 말을 들으면 안도감을 느끼며 좋아한다. 그러나, 이처럼 무책임한 말도 없다. 이들의 주장은 전치사나 부사를 조합하면 그 뜻을 충분히 유추해 낼 수 있다는 것인데, 그 허점을 돌아보자.

① 숙어는 단순한 조합 그 이상이다.

예를들어 come up with를 보자. 자주 등장하는 숙어이다. 문자그대로 조합하면 '함께 위로 오다?'이렇게 조합하여 '~생각해 내다, 찾아내다'라는 의미를 끄집어 낼 수 있겠는가?

② 여러 가지 뜻이 있는 다의숙어가 많다.
　take in를 보고 '안으로 취하다'→'섭취하다'이렇게 유추할 수 있다. 여기까지는 좋은데 '속이다'라는 뜻도 있다는 것을 아는가?
　make up은 '(이야기등), 꾸며내다, 결합하다, 화장하다, 청소하다, 화해하다'는 등 수많은 뜻을 가진다. 이런 경우 '위로 만들다'는 식으로 유추해서 모든 뜻을 감당할 수는 없을 것이다.

③ 뜻을 잘못 유추할 수 있다.
　두 개 이상의 뜻이 모이면 전혀 다른 뜻을 만들기도 한다. 'stretch the truth'는 '진실을 뻗치다'→'진실을 확장해 나가다'이렇게 되는가? 그러나, 뜻은 정반대이다. '진실을 왜곡하다'이다. 그러므로, 숙어는 제대로 공부해야 한다.

• 무조건 외워라 ?
　이것만큼 의욕을 상실하게 만드는 것도 없다. 이렇게 해서 포기한 사람이 어찌 한 두명인가? '외우다보면 도가 트게 된다'라고 하면서 이렇게들 말들 한다. 이런 말을 들으면 우주의 시대에도 여전히 조선시대로 돌아간 느낌이다. 두뇌과학을 모르는 사람들의 이야기이다. 이렇게 선생님들이 강조하면 학생들은 ABC 순으로 외우든가, 기출숙어 모아놓은 텍스트를 써내려 가면서 인내심을 가지고 달려들겠지만 어지간해서는 넘어뜨리기 쉽지 않은 게 바로 숙어이다.

2) 닥터보카식 숙어법
　역시 정답은 우리 두뇌로 돌아가야 한다. 두뇌가 좋아하는 것은 이미지와 스토리이다. 닥터보카식 숙어법은 이미지텔링 image-telling 이다. 머리에 기계식으로 집어넣는다고 들어가는 게 아니다. 화약이 폭발해야 총알이 나가듯이, 이미지로 촉발해야 폭발적인 기억력이 발휘되는 것이다. 이미지가 있으면 재미있다. 스토리가 있으면 연관된 숙어들이 실타래처럼 다 풀려나면서 기억된다.

① 핵심어 중심의 분류
　숙어는 하나의 의미 단위인데, 각 숙어에는 의미를 주관하는 핵심어가 있다. 특히 동사가 중요하다. have, get, make, come, go, take 같은 쉬운 단어들을 재료로 하여 필수 숙어들을 선별하였다. 이것들만 가지고도 인간의 거의 모든 감정들을 표현할 수 있다. 이것만 활용해도 영어실력이 월등히 좋아진다.

② 재미있는 그림 제작
　선별된 핵심어 중심의 숙어들을 재미있게 그림속에 살아있게 만들었다. 숙어하나, 그림하나 이렇게 만든 시중의 콘텐츠와는 다르다. 이미지를 보면 숙어의 의미가 떠오른다. seeing is memorizing 이다.

③ 스토리 메이킹
　구슬이 서말이라도 꿰어야 보배. 철새가 4만킬로미터를 날아갈 수 있는 것은 무리지어 가기 때문이

다. 함께가면 멀리갈 수 있다. 매직넘버(마법의 기억 숫자) 원리에 따라 7개의 숙어를 통합 그림 속에 배치한 후 스토리로 엮었다. 그림을 따라가다 보면 이미 숙어의 의미가 저장되어 있는 것을 경험할 것이다. 이제 책을 덮고, 그림만 떠올리면 스토리내의 모든 숙어가 살아나오는 것을 알고 놀랄 것이다.
Amazing Doctor Voca, Amazing Life.
　이제 숙어 학습의 새 지평이 열렸다. 닥터보카를 따라가면 목적지에 도달할 수 있다.

숙어 형태

　숙어에는 무슨 형태가 있는지 알고 있으면 한 개의 단위로 이해하고 표현하는데 도움이 된다. 필자는 핵심어에 따라 크게 동사중심과 명사중심의 숙어로 구분하였다.

1. 동사 중심 숙어 (구동사 phrasal verb) : 동사+전치사, 동사+부사+(전치사)

구동사 형태	예	분리 여부	예문
타동사 + 부사	put on	○	I put a shirt on. I put on a shirt.
자동사 + 전치사	look for	×	He looked for a job.
자동사 + 부사	come in	×	Which horse came in first?
자동사 + 부사 + 전치사	come up with	×	She came up with some ideas to solve the problem.

　구동사에서 전치사이냐 부사이냐를 구분하려고 애쓸 필요가 없다. 원어민도 잘 모르는 경우도 많고, 공신력있는 시험에서 이것을 구분하는 문제는 내지 않는다. 단, put on의 경우처럼 떨어져 있는 경우에 '이것도 하나의 숙어'라고 알 수 있으면 그것으로 족하다.

2. 명사 중심 숙어

전치사	+	명사			on purpose 고의로
전치사	+	명사	+	전치사	on account of ~ 때문에
전치사	+	형용사	+	명사	by all means 반드시, 꼭
전치사	+	명사	+	전치사 + 명사	from time to time
동사	+	명사			take care 몸조심해
동사	+	명사	+	전치사	find fault with 비판하다

　숙어는 2개 이상의 단어가 조합되므로 형태도 다양하다. 그러나, 언어학자가 아닌이상 형태에 대해 필요이상으로 집착할 필요가 없다. 단지 주어지는 숙어를 익혀서 의미를 알고 활용할 수 있으면 된다.

구성과 특징

뇌과학 전문가로서 인류의 지혜를 담은 속담은 기억학습의 원리를 정확하게 표현해 놓은 것을 보고 감탄하게 됩니다. 이제 닥터보카 숙어편 구성과 특징은 몇가지 속담을 들어 설명해 보겠습니다.

1. 통그림 : 보는 것이 믿는 것이다.
Seeing is believing

공부의 성공을 좌우하는 것은 기억이 되느냐 안되느냐에 달려있습니다. 수많은 책들이 적중률, 기출문제등을 강조합니다. 문제는 공부한 내용이 시험을 보거나 사람을 만나서 대화할 때 기억해낼 수 있는 콘텐츠냐 하는 것이지요. 시각은 인간 기억의 65%를 담당합니다. 그래서 닥터보카는 통그림으로 만들었습니다.

2. 스토리텔링 : 구슬이 서말이라도 꿰어야 보배
Nothing is complete unless you put it in final shape.

지금까지 숙어를 스토리텔링으로 만든 콘텐츠는 없었습니다. 인체의 뼈마디 206개는 서로 연결되어야 살아 움직이고 걸어 다닐 수 있습니다. 닥터보카 각 페이지의 숙어들은 서로 조화롭게 맞추어져서 영어가 살아움직이게 합니다.

3. 의미 네트워크 : 유유상종(類類相從)
Birds of a feather flock together.

우리 두뇌는 같은말, 반대말을 모아서 생각하고 헤깔리는 말은 싫어합니다. 이런 것들을 모아서 공부하면 숙어를 일망타진할 수 있습니다. PART2에는 우리를 힘들게 했던 어휘들을 모아서 학습할 수 있도록 준비하였습니다.

4. 복습 원리 : 하나를 보면 열을 안다.
See one and know ten.

최소한의 시간을 들여서 최대의 효과를 낼 수 있다면 그것이 최고입니다. 본 교재 각각의 이 그림 제목만 보면 그 안에 들어있는 모든 숙어들을 기억해 낼 수 있을 것입니다. 이렇게 기억학습을 하면 열배의 효과가 있습니다.

5. 동영상 강의 : 일석이조(一石二鳥)
Kill two birds with one stone.

저자 직강의 생생 라이브 강의가 준비되어 있습니다. www.drvoca.com. 대부분의 교재는 텍스트 중심이기 때문에 그림이 줄 수 있는 공간기억 정보가 없습니다. 재미와 의미를 통해, 학습과 실전에 최적화되어 있습니다. 강의를 듣다보면 시공간 정보가 융합되어 두뇌에 각인됩니다. 직접 경험해 보십시오.

교재활용법

• 숙어 기억 최적화 흐름도 •

❶ 제목
제목을 통해 그림 전체 연상 기억을 이끌어 낸다

❹ 핵심단어
표제 숙어에서 핵심되는 단어를 안다

❸ 스토리
그림의 스토리를 읽으면서 그림을 이해한다

❼ 예문
예문을 통해서 표제 숙어의 정확한 사용법을 배운다

❷ 통합그림
통합 그림을 번호에 따라 보면서 그림을 사진처럼 기억한다

❽ 보너스
본문의 핵심 단어와 관련된 주요 파생 숙어를 심화학습한다.

❺, ❻ 숙어와 뜻
숙어를 보면서 숙어의 의미 a를 익힌다

Contents

PART I 이미지텔링 숙어

I 스티브 잡스 성공 스토리
1. 인생준비   16
2. 실패   18
3. 새로운 시도   20
4. 성공   22

II 탐험 달인
1. 원시부족 탐방 계획 ❶   26
2. 원시부족 탐방 계획 ❷   28
3. 대중 앞에서 공표   30
4. 탐험 출발   28
5. 놀라는 탐험대   32
6. 위험을 통과하다   36
7. 원주민 쫓아오다   38
8. 숨이 차서 헐떡이다   40
9. 죽고 고문당하는 탐험대   42
10. 병에 걸린 추장의 딸   44
11. 추장의 딸을 치료하라   46
12. 감옥에서 풀려나 화해하다   48
13. 고향 앞으로 출발   50

III 여배우 스타만들기
1. 각본 준비   54
2. 공연 개시   56
3. 마술 공연   58
4. 여배우 등장   60
5. 아침마당 출연   62
6. 마무리 인사   64

IV 브루스 리 스토리
1. 탄생   68
2. 훈련   70
3. 운동기구   72
4. 경기 시합: 입장   74
5. 경기 시합: 코치진   76
6. 경기 시합: 링에서 싸움   78
7. 관중   80
8. 척 노리스와의 만남   82
9. 영화 제안   84
10. 영화 내용: 이전의 삶   86
11. 영화 내용: 실패   88
12. 영화 내용: 승리성공   90
13. 영화 연예대상   92
14. 영화 촬영 후   94
15. 의문의 죽음 스토리   96
16. 부검과 가족인사   100
17. 브루스 리 전기   102

V 유학의 꿈
1. 유학 결심   104
2. 미국 도착   106
3. 교수면담   108

4. 강도 높은 공부	110
5. 방황	112
6. 선배의 조언	114
7. 불굴의 의지	116
8. 학위 취득(꿈의 실현)	118
9. 금의환향	120

VI 결혼 행진곡

1. 사랑 고백	124
2. 결혼식장	126
3. 허니문 카	128
4. 호텔방에서	130
5. 미지의 섬	132
6. 마이 웨이 MY WAY	134

VII 삶의 계획

1. 커피샵	138
2. 커피샵 인수 계획	140
3. 새로운 시도	142

VIII 시간

1 TIMF 숙어	146
2. DAY 숙어	148
3. DAY/NIGHT 숙어	150
4. 숲속에서 ❶	152
5. 숲속에서 ❷	154

PART II 비교숙어

I 유사 숙어

1. 동사형 유사숙어	160
2. 명사형 유사숙어	164
3. 기타 유사숙어	170

II 대조 숙어

1. 동사형 대조숙어	178
2. 명사형 대조숙어	180
3. 기타 대조숙어	184

III 혼동 숙어

1. 동사형 혼동숙어	188
2. 명사형 혼동숙어	192
3. 기타 혼동숙어	198

PART III 부록

• 영어 속담	203
• 단어 INDEX	207

PART I
이미지텔링 숙어

Funny Idiom

1. Cross one's fingers

[의미]
간절히 바라다.

[어원]
이 표현은 초대 교회시기에 생겼다고 전해진다. 악한 마귀나 귀신을 만났을 때 십자가를 보여주면 물리칠 수 있다고 믿었다. 그래서 손가락으로 십자가 모양을 만들어, 그 십자가 능력으로 악한 것 들을 물리치기를 간절히 바라는데서 이러한 이디엄이 나왔다고 한다.

[예문]
You got a job interview today, right?
오늘, 직장 인터뷰가 있다며, 그렇지?
I cross my fingers for you.
네가 잘 되기를 간절히 바래.

I 스티브 잡스 성공 스토리

1. 인생 준비

2. 실패

3. 새로운 시도

4. 성공

1 스티브 잡스 성공 스토리 **인생 준비**

STORY

스티브 잡스는 이 우주에서 큰 변화를 가져오는 make a difference 꿈을 실현하고자 한다. 이 꿈을 실현하기 위해 함께 일할 인재들과 인터뷰를 진행한다. 이중에서 스티브 잡스의 마음을 알아보고 make out 적극적인 자세로 임하는 청년이 있다. 잡스는 이 세 명 중에서 한 명을 선택할 make a choice 예정이다. 이 청년에게 발표할 기회를 준다. 그는 계획을 세우고 make a plan 발표한다. 잡스는 그의 말에 일리가 있다는 make sense 것을 알고 흐뭇해한다. 그는 어떻게든 취업하기 위해 모든 것을 확실히 한다 make sure.

phrases — make ❶

❶ make a (big) difference
(큰) 변화를 가져오다, (매우) 중요하다,
Modern medicine makes a big difference in healthcare nowadays.
현대 의학은 요즈음 건강관리에 있어 큰 변화를 가져오고 있다.

❷ make out
알아보다, 이해하다
Can you make out what that sign says?
저 신호가 무엇을 말하는지 알아볼 수 있니?

❸ make a[one's] choice
선택하다
Make a choice: do you want the red sweater or the blue one?
선택하세요: 빨강 스웨터나 파랑 스웨터 중에서 어떤 것을 원하세요?

❹ make a plan
계획을 세우다
We should make a plan for our destination before we start driving.
운전을 시작하기 전에 우리의 목적지에 대한 계획을 세워야 합니다.

❺ make sense
이치에 맞다, 일리가 있다, 이해되다
This solution doesn't make sense to me. Could you explain it?
이 솔루션은 이치에 맞지 않는 것 같아요. 이것을 설명해 주시겠습니까?

❻ make sure
확인하다, 확실히 ~하다
Make sure you lock the door before you leave home.
집을 떠나기 전에 문 잠그는 것을 확실히 하기 바란다.

2 스티브 잡스 성공 스토리 **실패**

> **STORY**
>
> 스티브 잡스는 성공하기 위해서 열심히 노력한다 make an effort. 그래서 얼마간의 돈을 번다 make money. 그런데, 사람들 사이에 이상한 소문이 떠돈다. 믿고 선택했던 그 친구가 잡스의 잘못에 대해 떠들고 make a noise 다녔기 때문이다. 잡스는 사람을 선택하는데 실수한 make a mistake 것을 후회한다. 사람들은 실패한 잡스를 놀리고 make fun of 있다. 이러한 어려움을 극복하기 위해서 잡스는 불을 피우고 make a fire 생각에 잠긴다.

phrases   make ❷

❶ make an effort
노력하다
Jacob made an effort to make his parents happy before asking them for money.
제이콥은 부모님에게 돈을 달라고 하기 전에 부모님을 행복하게 해주려고 노력했다.

❷ make money
돈을 벌다
Doctors make much more money than nurses.
의사들은 간호사들보다 돈을 더 많이 번다.

❸ make a noise
소리를 내다, 떠들다
Something made a noise in that dark corner.
저 어두운 코너에서 뭔가 소리가 났다.

❹ make a mistake (in)
(…에서) 실수하다
I made a mistake in my report so I'll show it to you after I correct it.
내 보고서에 실수를 했어. 그래서 그것을 고친 후에 너에게 보여줄게.

❺ make fun of
놀리다
Drew's classmates made fun of his new hairstyle.
드루의 학급 친구들은 그의 새로운 헤어스타일을 놀렸다.

❻ make a fire
불을 피우다
The campers made a fire at the center of the campsite.
캠프에 온 사람들은 캠프할 위치 중앙에 불을 피웠다.

③ 스티브 잡스 성공 스토리 **새로운 시도**

STORY

스티브 잡스는 그동안 자신의 실패를 보충하는 make up for 아이디어 4개를 구상하고 있다. 그리고 각각 아이디어의 시나리오를 구성하느라 make up 골머리를 앓는다. 책상 위에는 반도체 칩이 놓여 있는데, 이 칩은 금속과 기타 원료로 만들어진다 be made from. 책상은 목재로 만들어진 be made of 것이다. 스티브 잡스는 주도면밀한 성격의 소유자이다. 추후로 기획, 편집, 영업 등 팀이 어떻게 이루어져야 be made up of 하는지 다 계획을 세워놓았다.

phrases — make ❸

❶ make up for
벌충[보충]하다
This fresh batch of cookies makes up for the burnt batch.
이번의 쿠키는 탄 쿠키를 보충할 것입니다.
(batch : 한 회분(한 번에 만들어 내는 음식·기계 등의 양))

❷ make up
구성하다, 만들어내다, (이야기를) 지어내다, 화장하다
Fields of corn and soybean make up most of the scenery in Tom's hometown.
옥수수와 콩밭은 톰의 고향 풍경의 대부분을 차지합니다.

❸ be made from
…로 만들어지다(원료·재료가 변할 경우)
This cake is made from leftover ingredients.
이 케이크는 남은 재료로 만들어집니다.

❹ be made of
…로 만들어지다
Her new jacket is made of faux leather.
그녀의 새 재킷은 인조 가죽으로 만든 것입니다.
(faux : 가짜의, 모조의)

❺ be made up of
~로 이루어지다, 구성되다
I love any dessert made up of chocolate or peanut butter.
나는 초콜릿이나 땅콩 버터로 이루어진 그런 디저트를 좋아합니다.

BONUS

hammer ~ home	~을 이해시키다, 주입하다
bring home to	~을 절실히 느끼게 하다
be/feel at home	마음 편하다, ~에 정통하다

4 스티브 잡스 성공 스토리 **성공**

STORY

드디어 스티브 잡스의 인생계획이 성공한다 make it. 그동안 수고를 보상하고자 여행하는 make a trip to 시간을 갖고 싶어한다. 몸을 편안히 하고 make oneself at home 새 꿈을 꾼다. 잡스가 연설하는 make a speech 것을 듣기 위해 자리가 꽉 차 있다. 스티브 잡스의 마음을 미리 헤아린 비서는 멋진 휴양지에 예약하기 make a reservation 위해서 전화를 하는 중이다. 베테랑 영화감독은 기회를 놓치지 않고 스티브 잡스의 일대기를 영화로 만들게 되면 be made into 대박을 터트릴 것으로 기대한다.

phrases — make ❹

❶ make it — 시간에 대다, 해내다, 성공하다
Pauline made it to Harvard even though no one thought she could.
아무도 그녀가 할 수 있으리라고 생각하지 않았지만 폴린은 하버드 대학교에 가게 되었다.

❷ make a trip (to) — (~에) 여행하다
Gerald made a trip to Italy to get some new fashion ideas.
제럴드는 새로운 패션 아이디어를 얻기 위해 이탈리아로 여행을 하였다.

❸ make oneself at home — 편안히 하다
Make yourself at home and use the kitchen whenever you like.
편하게 지내시고 원하실 때면 언제나 부엌을 사용하셔도 됩니다.

❹ make a speech — 연설을 하다
The President made a speech on television about the election results.
대통령은 선거 결과에 대해 TV에서 연설을 했다.

❺ make a reservation — 예약하다
We made a reservation at the hotel for three nights.
우리는 사흘 밤 동안 묵을 호텔에 예약했다.

❻ be made into — …가 되다
This fabric will be made into a beautiful dress.
이 직물이 아름다운 드레스가 될 것입니다.

BONUS

make off with	~을 가지고 달아나다
make over	양도하다, 변경하다
make do with	임시변통하다, 때우다
make for	향하다, 공격하다 go towards, attack

스티브 잡스 성공 스토리 | 23

Doctor VOCA

Funny Idiom

2. Rule of thumb [엄지의 법?]

[의미]
주먹구구식, 어림잡아, 대충

[어원]
문자그대로는 '엄지의 규칙'이다. 과학적이고 논리적인 규칙보다는 경험에 의해 정해진 규칙이라는 뜻이다. 이것에는 여러 어원이 있다.

1. 영국이나 미국에서 부인을 때리는 것이 1890년까지는 합법이었다고 한다. 남자가 자기 부인을 때릴 수 있도록 허용되었던 최대 크기를 나타내는 것이라는 주장이 있다.
2. 맥주를 만드는 양조업자들이 엄지손가락을 맥주에 담가 온도를 재어서 나온 말이다.
3. 목수들이 엄지로 목재를 측량한데서 유래한다.

[예문]
He does things by rule of thumb.
그는 일을 주먹구구식으로 처리한다.

II 탐험 달인

1. 원시부족 탐방 계획 ❶
2. 원시부족 탐방 계획 ❷
3. 대중 앞에서 공표
4. 탐험 출발
5. 놀라는 탐험대
6. 위험을 통과하다
7. 원주민 쫓아오다
8. 숨이 차서 헐떡이다
9. 죽고 고문당하는 탐험대
10. 병에 걸린 추장의 딸
11. 추장의 딸을 치료하다
12. 감옥에서 풀려나 화해하다
13. 고향 앞으로 출발

1 탐험 달인 **원시부족 탐방 계획** ❶

STORY

탐험 달인은 자기 인생의 새로운 계획을 세운다. 저멀리 원주민을 탐험하고자 하는 것이다. 어떠한 어려움이 오더라도 극복하기 위해 노력하는 try to 것이 그의 인생 좌우명이다. 이를 위해 먼저 줄타기를 시도한다 give it a try. 달인의 동료도 그를 따라서 시도해 본다 try ~ing. 다른 친구는 카드놀이에 최선을 다한다 try one's best. 한번 더 최선을 다하여 do one's best 카드만큼은 최고에 이르길 바라고 있다.

phrases — try

① try to ~
…하려고 노력하다
Let's try to finish this chapter before we go out.
밖에 나가기 전에 이번 장을 마치도록 노력하자.

② give it a try
시도하다
Give it a try before you make a decision. You might like it.
결정하기 전에 시도해 보라. 당신이 좋아하게 될지도 모른다.

③ try -ing
(시험 삼아) …해보다, 시도하다
Try going to bed earlier if you feel tired during the day.
하루 동안에 피곤하다고 느껴지면 보다 일찍 잠자리에 들도록 해보라.

④ try one's best
최선을 다하다
I'll try my best to be there by noon, but I still might be a little late.
정오까지 거기에 가도록 최선을 다 하겠지만, 여전히 좀 늦을지도 모른다.

⑤ do one's best
최선을 다하다 〈 do one's utmost
Steve did his best on the test and got an A.
스티브는 그 테스트에서 최선을 다했고, A학점을 얻었다.

BONUS

at best	기껏해야, 잘해봐야
at most	많아봐야 = not more than
make the best of	잘 이용하다
make the most of	소중히 여기다

탐험 달인 | 27

2 탐험 달인 원시부족 탐방 계획 ❷

STORY

달인은 비서의 도움을 받아 탐험 복장을 입어본다 try on. 달인의 아내는 "안돼요"하면서 남편이 오지로 떠나지 못하게 막는다 stop A from B ~ing. 그러자, 비서는 옷 입히던 것을 멈춘다 stop ~ing. 이런 줄도 모르고 옆집 아주머니가 떡을 갖다 주러 잠시 들른다 stop by.

phrases — try, stop

① try on

(옷 등을) 입어 보다
Could I try on this shirt in a smaller size?
이 셔츠 좀 더 작은 사이즈로 입어볼 수 있을까요?

② stop A from B (-ing)

A가 B하는 것을 막다[못하게 하다]
Grace stopped Ted from buying another computer since he already bought one a few months ago.
그레이스는 테드가 다른 컴퓨터를 사지 못하게 했다. 왜냐하면 그는 벌써 몇 달전에 컴퓨터를 샀기 때문이다.

③ stop -ing

…하는 것을 멈추다
You need to stop eating junk food if you want to lose weight.
당신이 체중을 줄이려면 정크푸드 먹는 것을 그만둘 필요가 있다. (junk food: 열량은 높지만 영양가는 낮은 패스트푸드 · 인스턴트식품의 총칭)

④ stop by

잠시 들르다
Stop by my house when you get a chance. I have so much to tell you!
기회가 있을 때 저의 집에 잠시 들러주세요. 당신에게 말할 게 많아요.

3 탐험 달인 대중 앞에서 공표

STORY

이제 달인은 탐험에 대한 자신의 뜻을 대중 앞에서 공개 발표한다 give out. 무대에는 드라이아이스 연기가 뿜어나온다 give off. 축하하기 위해 많은 사람들이 모였다. 한 꼬마 아이가 방해하자 아주머니가 떡을 거저 주면서 give away 내보내려 한다. 달인을 지지하는 친구가 탐험을 허락하는 서류에 사인하라고(굴복하라는 뜻) 달인의 아내에게 제출한다 give in. 하는 수 없이 아내는 손을 들어 포기한다 give up.

phrases — give

❶ give out
공개[발표]하다, (소리·빛 등을) 내다, 나눠주다
They gave out candy to children on Halloween.
그들은 핼러윈 축제 때 아이들에게 사탕을 나누어 주었다.

❷ give off
(냄새·빛 등을) 내뿜다, 방출하다
Those flowers give off a really strong aroma.
그 꽃들은 정말로 강한 향내를 내뿜는다.

❸ give away
거저 주다
Rodrigo gave away all his old games when he bought a new video game system.
로드리고는 새로운 비디오 게임시스템을 구매하자 그의 모든 오랜 게임들을 거저 주었다.

❹ give in
…에 굴복하다, 제출하다
Please give your work in before Friday.
작품을 금요일 전에 제출해 주세요.

❺ give up
포기[단념]하다, 그만두다
We gave up on trying to find cheap plane tickets for the busy holiday weekend.
우리는 바쁜 휴일 주말에는 값싼 비행기표를 구하려는 것을 포기했다.

BONUS

do away with	없애다, 폐지하다, 죽이다
get away with	~을 훔쳐 달아나다, ~을 교묘히 면하다
make away with	~을 벗어나다, 면하다

4 탐험 달인 **탐험 출발**

> **STORY**
>
> 탐험대는 숲에 당도한다. 누군가 이 숲의 나무를 베어 넘어뜨려 cut down 놓았다. 똥보 친구는 앉아서 지나가는 원숭이들에게 무언가를 나누어 주고 있다. 가방이 무거워서 수량을 줄이기 cut down on 위해서이다. 이런 와중에 한 원숭이가 몰래 새치기한다 cut in line. 미리 물건을 받은 원숭이는 물건에서 쿠폰을 오려낸다 cut out. 달인은 들어가지 못하도록 매어 놓은 줄을 가위로 끊는다 cut off.

| phrases | cut |

① cut down
(나무를) 베어 넘어뜨리다
As soon as the logging company cut down the trees, they replanted new ones.
벌목 회사가 나무들을 베어버리자마자, 그들은 새로운 나무로 옮겨심었다.

② cut down on
(수량을) 줄이다
Vince had to cut down on text messaging when his data plan was all used up.
빈스는 그의 데이터 요금량이 모두 소진되었을 때 문자 메시지를 줄여야 했다.

③ cut in line
새치기하다
I can't believe that lady cut in line! She should wait just like everyone else.
나는 그녀가 새치기를 했다는 것을 믿을 수 없다. 그녀는 그 외 모든 사람과 같이 기다려야 했다.

④ cut out
잘라내다, 오려내다
The movie editors cut out the extended battle scene to shorten the movie.
그 영상 편집자는 영화를 줄이기 위하여 길어진 전투 장면을 잘라냈다.

⑤ cut off
잘라내다, 끊다
Minnie's boyfriend cut off all communication with her after they had a fight.
미니의 남자친구는 그녀와 싸운 후에 모든 대화를 단절했다.

BONUS

cut out for ~   ~에 안성맞춤이다, 적격이다

5 탐험 달인 놀라는 탐험대

② with surprise
③ in surprise
④ to one's surprise
① be surprised at

STORY

숲을 지나가던 중 곰과 맞닥뜨리게 된다. 곰도 사람을 만나자 깜짝 놀란다 be surprised at, 탐험대는 서로 놀라서 with surprise 정신이 버쩍 든다. 숲 안으로 먼저 가던 가이드도 놀라서 in surprise 움찔한다. 놀랍게도 to one's surprise, 뚫린 울타리 사이로 아기 곰도 나오려 한다.

phrases — surprise

① be surprised at

…에 놀라다
The employees were surprised at the company's announcement to extend paid vacations.
직원들은 지불 휴가를 확장한다고 하는 회사의 발표에 놀랐다.

② with surprise

놀라서
Sarah jumped with surprise when the dog appeared out of nowhere.
사라는 난데없이 개가 나타나자 놀라서 펄쩍 뛰었다.

③ in surprise

놀라서
The lady screamed in surprise when her husband snuck up on her.
그 여자는 남편이 그녀에게 몰래 다가왔을 때 놀라서 소리질렀다.

④ to one's surprise

놀랍게도
To my surprise, I don't feel that tired even though I only slept three hours last night.
놀랍게도, 나는 지난 밤에 세 시간 밖에 잠을 못잤는데도 그렇게 피곤하게 느껴지지 않는다.

BONUS

take by surprise   놀라게 하다 surprise

6 탐험 달인 **위험을 통과하다**

STORY

곰을 만나자 탐험대는 죽은 pass away 것처럼 꼼짝 않고 누워있다. 그러자, 곰은 그냥 옆으로 지나간다 pass by. 아기곰이 울타리를 뚫어서 나오자 pass through 달인은 물건을 곰에게 건네주면서 pass out 그냥 가라고 한다.

phrases — pass

❶ pass away

돌아가시다, 죽다
Dominic didn't come to school today because his grandmother passed away over the weekend.
도미닉은 지난 주말 할머니가 돌아가셨기 때문에 오늘 학교에 오지 않았다.

❷ pass by

지나가다, (시간이) 지나다
I think we passed by this house before because it looks really familiar.
나는 이집이 너무 친숙해서 전에도 이 집을 지나갔던 것 같다.

❸ pass through

통과하다, 겪다
The family passed through Yellowstone National Park on their drive to the west coast.
그 가족은 드라이브하면서 옐로우스톤 국립공원을 통과하여 서부 해안까지 이르렀다.

❹ pass out

기절하다, 건네주다
The teacher passed out two different versions of the test.
그 선생님은 다른 유형의 시험지 두 개를 건네주었다.

BONUS

| pass for | ~으로 통하다 be accepted as |

탐험 달인 | 37

7 탐험 달인 원주민 쫓아오다

STORY

곰을 피했더니 더 큰 적을 만났다! 달인은 무엇인가를 우연히 만나고 run across 강너머로 뛰어 도망가고 있다. 알고 보니 흑표범이 뒤쫓아 오는 run after 것이었다. 그 사이에 원주민들은 탐험대원이 오는 것을 알아챈다. 공을 각자 세우기 위해 이들을 체포할 사람이 서로 입후보한다 run for. 용기 있는 원주민 한 명이 달인을 잡으려 그 사이로 끼어든다 run into !! 이러한 기막힌 장면을 목격한 대원들은 이리저리 뛰며 run around, 멀리 도망간다 run away.

phrases — run

❶ run across
뛰어 건너다, 우연히 만나다
While I was waiting in the bookstore, I ran across so many interesting books.
나는 서점에서 기다리는 동안, 매우 많은 재미있는 책들을 접하게 되었다.

❷ run after
뒤쫓다
The lion ran after the zebra but failed to catch it.
그 사자는 얼룩말을 뒤쫓았지만 그것을 잡는데 실패했다.

❸ run for
…에 입후보하다
Billy decided that he would run for mayor someday.
빌리는 언젠가 시장에 출마하기로 결정했다.

❹ run into
우연히 만나다, …와 충돌하다
She ran into an old friend at the party last Friday.
그녀는 지난 금요일 파티에서 오랜 친구를 우연히 만났다.

❺ run around
뛰어 돌아다니다
The friends you run around with can affect your reputation.
네가 함께 어울려 다니는 친구가 너의 명성에 영향을 줄 것이다.

❻ run away
도망가다, 달아나다
You should face your problems rather than run away from them.
너는 문제로부터 달아나기보다는 그것에 직면해야 한다.

BONUS

on the run — 도주하여, 서둘러, 바쁘게 뛰어
in the long run — 결국, 마침내 ultimately
run over — 검토하다, 훑어보다 review
run-of-(the)-mill — 흔히 있는, 예사의, 통상적인

8 탐험 달인 **숨이 차서 헐떡이다**

① breathe in
② out of breath
③ run out of

STORY

가까스로 도망쳐 나와 숨을 들이쉰다 breathe in. 뚱보 대원도 숨이 차서 out of breath 헐떡인다. 그때 암사자 등장. 그러자, 가이드가 총을 쏘려고 하는데 이런. 총알이 바닥난 run out of 것을 몰랐네.

phrases — breath(e)

① breathe in
숨을 들이쉬다
We breathe in about 20,000 times every day.
우리는 매일 약 2만 번 정도 숨을 들이쉰다.

② out of breath
숨이 차서
Wendy was out of breath from running all the way to school.
웬디는 학교까지 내내 뛰어오느라 숨이 찼다.

③ run out of
⋯이 바닥나다, 다 써버리다
I'm running out of ideas for this project. Do you have any suggestions?
나는 이 프로젝트에 대한 아이디어가 바닥이 나고 있다. 제안할 거 뭐 없니?

BONUS

run out of options 선택의 여지가 없다

9 탐험 달인 죽고 고문당하는 탐험대

STORY

탐험대는 원주민에게 체포되어 감옥에 수감된다. 감옥에는 나이든 죄수가 병들어 죽은 die of 장면, 그리고 막 어디에선가 날아온 화살에 맞아 부상당해 죽은 die from 죄수를 보며 놀란다. 이렇게 죽어 없어진 die out 사람들의 뼈가 감옥 밖에 널려있다. 크게 음식이 차려진 그 앞에 추장이 위엄있게 앉는다 sit down. 추장이 들고 있는 지팡이는 부족의 위엄을 나타내는 stand for 심볼이 새겨있다. 좌편에서 비서가 일어서며 stand up 수발을 든다. 우편에는 원주민들이 일렬로 줄을 선다 stand in line. 이 중 한 사람은 음식을 보자 먹고 싶어 죽을 지경이다. be dying to.

| **phrases** | **die, stand** |

① die of
(병, 노령 등으로) 죽다
Mr. Smith died of old age. He was 101 years old.
스미스 씨는 고령으로 죽었다. 101세였던 것이다.

② die from
(부상, 부주의 등으로) 죽다
He died from snake bites.
그는 뱀에 물려 죽었다.

③ die out
죽어 없어지다, 소멸하다
Many animal species die out due to destruction of their habitats.
많은 동물 종족들은 그들의 서식지가 파괴되기 때문에 소멸되고 있다.

④ sit down
앉다
We sat down at a table and a waitress quickly came to take our order.
우리가 테이블에 앉자 여 종업원이 급히 와서 주문을 받았다.

⑤ stand for
나타내다, 상징하다, 지지하다
LOL stands for "laugh out loud".
LOL은 "큰소리로 웃으라"라는 말을 나타낸다.

⑥ stand up
일어서다
It's hard to stand up on the surfboard when you first learn how to surf.
서핑하는 법을 처음에 배울 때는 서프보드 위에 서있는 것이 어렵다.

⑦ stand in line
줄을 서다
The group of friends stood in line for 40 minutes to ride the new roller coaster.
친구들은 새로운 롤러 코스터를 타려고 40분이나 줄을 서서 기다렸다.

⑧ be dying to~
…하고 싶어 죽겠다
I'm dying to know what happens on the season finale of this show.
나는 이 쇼의 시즌 피날레가 어떻게 되는지 궁금해 죽겠다.

BONUS

stand by	지지하다, 편들다 support
stand out	눈에 띄다
stand to reason	당연하다, 이치에 맞다
stand up for	~을 옹호하다, 지지하다

10 탐험 달인 병에 걸린 추장의 딸

① be sick in bed
② be sick of
③ care about
④ care for
⑤ be anxious about
⑥ be anxious for

STORY

한편, 추장 딸은 아파서 침대에 누워있다 be sick in bed. 시녀가 날라오는 음식도 싫증이 난다 be sick of. 머리맡에 있는 시녀는 불치병이 되지 않을까 걱정이다 care about. 열이 계속 오르자 공주를 좋아하는(care for) 남친이 돌본다 care for. 이를 보고 있는 왕비는 공주의 병에 대해 걱정한다 be anxious about. 추장은 이 공주가 빨리 나아서 부족을 크게 일으키기를 열망한다 be anxious for.

phrases — sick, anxious, care

① be sick in bed
아파서 누워 있다
Harry was sick in bed all weekend.
해리는 주말내내 아파서 누워있었다.

② be sick of
…에 싫증나다, …에 질리다 = be tired of, be weary of
I'm sick of all this work! I need a break.
나는 이 모든 일이 지긋지긋해! 나는 휴식이 필요해.

③ care about
걱정[염려]하다, ~에 마음[신경] 쓰다
The teacher cared about each student's progress.
그 선생님은 각 학생의 진보에 마음을 기울였다.

④ care for
돌보다, 좋아하다
Greg's grandmother cared for him while he was growing up.
그레그의 할머니는 그가 성장하는 동안 그를 돌보아 주었다.

⑤ be anxious about
…에 대해 걱정[염려]하다
Diane was anxious about leaving the company before finding another job.
다이안은 새로운 직장을 구하기 전에 회사를 그만둬야 할까봐 염려했다.

⑥ be anxious for[to~]
매우 …하고 싶어하다, 열망하다
The girl was anxious for the new school year to begin.
그 소녀는 새 학년이 시작되기를 갈망하였다.

11 탐험 달인 **추장의 딸을 치료하라**

STORY

달인은 공주의 병을 치료하는데 유익한 be good for 링거액을 투여한다. 동료 동료도 치료하는데 능숙하다 be good at. 이번에 치료되지 않으면 영원히 for good 잘못될 수 있다. 드디어 탐험대가 공주병 치료의 과업을 성취한다 carry out. 공주는 "잘 하셨어요 do a good job"하고 이들을 칭찬한다. 큰 걱정을 하던 추장부부는 병이 낫자 맘을 놓고 즐거운 시간을 갖는다 have a good time.

phrases — good

① be good for
…에 유익하다, …에 적합하다
Vegetables and fruits are good for your body so be sure to eat them!
야채와 과일은 당신의 몸에 매우 좋으니 이것을 꼭 먹도록 해요.

② be good at
…에 능숙하다, 잘하다
She's really good at art and music.
그녀는 진정 미술과 음악을 잘한다.

③ for good
영원히
Valerie decided to move back to her hometown for good.
발레리는 그녀의 고향으로 영원히 돌아가기로 결정했다.

④ carry out
실행하다, 성취하다
The task is too heavy a burden to carry out.
그 과업은 수행하기에는 너무 무거운 부담이다.

⑤ do a good job
일을 잘 해내다
The speaker did a good job of grabbing the audience's attention.
그 연사는 청중의 관심을 끄는 것을 잘 해 냈다.

⑥ have a good time
즐겁게 지내다
I had a good time at the amusement park yesterday. Thanks for inviting me.
나는 어제 놀이공원에서 좋은 시간을 보냈어. 초대해 주어서 고마워.

BONUS

be a safe/good bet	확실하다
as good as	사실상, ~과 같은
do 사람 good[harm]	~에게 이익[손해]이 되다
hold good	유효하다 remain valid
make good	성공하다 succeed, 보상하다 compensate for

12 탐험 달인 **감옥에서 풀려나 화해하다**

> **STORY**
>
> 공주의 병이 낫자, 감옥에 가두어 놓았던 탐험대를 풀어준다 set ~ free. 가이드가 신이 나서 자유롭게 감옥을 be free to 뛰쳐 나온다. 원주민들은 고마움에 탐험대 달인의 동상을 설립한다 set up. 시녀들은 탐험대에 음식을 푸짐하게 차려 놓는다 set the table. 똥보 동료는 '떠나야 set out 하는디' 하면서 차려놓은 set out 음식을 먹기 시작한다.

phrases — set

① set ~ free
풀어주다, 자유롭게 하다
We set the bird free after fixing its wing.
우리는 그 새의 날개를 치료해 준 후에 풀어주었다.

② be free to~
마음대로[자유롭게] …하다
I'm free to help you move if you want me to.
당신이 원하신다면 기꺼이 도와드리겠습니다.

③ set up
세우다, 설립[설치]하다
Kevin set up a charity to raise money for cancer research.
케빈은 암 연구를 위한 기금을 마련하는 자선단체를 설립하였다.

④ set the table
식탁을 차리다
The child set the table while his mother finished cooking dinner.
그 아이는 엄마가 저녁식사 준비를 마치는 동안 식탁을 차렸다.

⑤ set out
출발하다, 시작하다, (음식 등을) 차려놓다
We set out early to go hiking.
우리는 일찍 하이킹을 시작하였다.

BONUS
set at naught ~을 무시하다, 경멸하다
set forth 제시하다, 발표하다
set store by ~을 존중하다, 중히 여기다

13 탐험 달인 고향 앞으로 출발

STORY

이제 달인과 가이드는 고향을 향해서 출발한다 leave for. 추장도 지팡이를 머리 쪽으로 향하며 출발하라고 head for 지시한다. 추장 부부는 "행운을 빌어요 with best wishes"하며 배웅한다. 똥보는 출발 명단에서 빼놓았다 leave out, 시녀들이 똥보를 붙잡고 뒤에 남겨놓게 leave ~ behind 했기 때문이다. 원주민들 모두 "가족들에게 안부 전해주세요 give one's best wishes to "하며 인사한다.

phrases — leave

① leave for
…을 향해 떠나다[출발하다]
They left for Phuket early this morning.
그들은 오늘 아침 일찍 푸켓으로 출발하였다.

② head for
…로 향하다[향해 나아가다]
Sam's at the airport. He headed for Brazil with his classmates.
샘은 공항에 있다. 그는 그의 동료와 함께 브라질로 출발하였다.

③ (with) best wishes
행운[성공]을 빌며(편지의 끝맺음 말)
The man ends every email and letter with best wishes.
그 남자는 모든 이메일과 편지에 안부 인사로 마무리한다.

④ leave out
빼다(명단을 빼다)
Don't leave out punctuation marks when you're writing.
글을 쓸 때 마침표를 빼먹지 않도록 하시오.

⑤ leave ~ behind
두고 오다[가다]
Betty left most of her things behind when she went to Europe for six months.
베티는 6개월 동안 유럽에 갈 때 자신의 물건 대부분을 놓아 두고 갔다.

⑥ give one's best wishes to~
…에게 안부를 전하다
Give my best wishes to your sister when you see her.
네가 누이를 만나거든 내 안부를 전해주기 바란다.

BONUS

leave ~ alone	내버려 두다, 방치하다
leave off	입지 않다, 중지하다 stop
leave a lot to be desired	아쉬운 점이 많다
leave nothing to be desired	흠잡을 데가 없다

Funny Idiom

3. Barking up the wrong tree

[의미]
"헛다리 짚다", "엉뚱한 사람에게 물어보다"

[어원]
보통 사냥을 할 때, 사냥개를 데리고 다닌다. 사냥 당하는 동물들이 나무 위로 올라가면 사냥개들이 나무 밑에서 짖는다. 그런데, 가끔 사냥개가 엉뚱한 나무 밑에서 짖었던 상황이 생겼다. 이렇게 문자적으로는 "잘못된 나무에 대고 개가 짖다"라는 것이 결국 엉뚱함을 나타내는 표현으로 사용하고 있는 것이다.

[예문]
If you think I'm responsible, you're barking up the wrong tree.
나에게 책임이 있다고 생각한다면, 너는 잘못 짚은 거야.

III 여배우 스타만들기

1. 각본 준비

2. 공연 개시

3. 마술 공연

4. 여배우 등장

5. 아침마당 출연

6. 마무리 인사

1 여배우 스타만들기 **각본 준비**

STORY

공연 작가는 해야 할 여러 가지 일을 벽에 포스트 잇으로 붙여 놓았다 put up. 지금 무엇인가 한창 옮기고 있는 put A into B 중이다. 공연을 해야 하는데 대본이 늦게 나오자 조폭 같은 공연 진행자들이 빨리 내놓으라고 재촉한다. 작가는 "좀만 연기해 주세요 put off"하며 웃으며 말한다. 그러자, 씩씩거리며 참는다 put up with. 열받은 진행자는 바닥에 널려있는 종이 쓰레기들을 발로 치운다 put away. 다른 진행자는 이 종이를 긁어 모은다 put together.

phrases — put ❶

❶ put up
올리다[세우다], 내붙이다
My family puts up a beautiful tree every year for Christmas.
나의 가족은 매년 크리스마스를 위해서 아름다운 트리를 세운다.

❷ put A into B
A를 B 안에 넣다, A를 B로 옮기다[번역하다]
Could you put those shoes into that box over there? Thanks.
저 신발을 저 위의 박스에 넣어주실래요? 고마워요.

❸ put off
미루다, 연기하다
Sheila always puts off doing her homework until the last minute.
세일라는 항상 마지막 순간까지 숙제하는 것을 미룬다.

❹ put up with
참다
Your roommate is so loud! How do you put up with all the noise?
당신의 룸메이트는 너무 시끄러워요! 어떻게 그 시끄러운 소음을 참아요?

❺ put away
치우다
Give me a moment while I put away these groceries.
이 야채들을 치우는 동안 잠시 시간을 주세요.

❻ put together
모으다, 합치다, 조립하다 ↔ take apart
It was a challenge to put together the new desk.
새 책상을 조립하는 것도 도전이 되는 일이었다.

2 여배우 스타만들기 **공연 개시**

STORY

무대는 공연 준비로 한창 소란스럽다. 출연자가 옷이 잘 맞는지 입고 put on 있다. 청소년 관중은 안경을 쓰니 더 잘 보이나 보다. 시력을 회복한 gain one's sight 것이다. 그 옆에서는 누가 담배를 폈는지 불이 나자, 양동이로 불을 끈다 put out. 시소를 타는 아주머니는 체중이 더 늘었나 put on weight 보다. 그 옆의 돼지도 멋진 옷을 입었지만 체중이 더 늘어난 gain weight 것이 드러난다. 무대에는 불을 켜고 turn on, 끄는 turn off 스위치가 함께 붙어 있다.

phrases — put ❷, gain, turn

❶ put on
(옷 등을) 입다, (연극 등을) 공연하다
It's cold outside so you might want to put on a coat.
밖이 추우니 코트를 입기 원할 수도 있겠다.

❷ gain one's sight
시력을 회복하다
Puppies gain their sight between eight to fourteen days after birth.
강아지는 출생 후 8–14일 사이에 그들의 시력을 얻게 된다.

❸ put out
(불을) 끄다
The firefighters worked quickly to put out the fire.
소방관들은 불을 끄기 위하여 급하게 일하였다.

❹ put on weight
체중이 늘다
It looks like you put on some weight over summer break.
여름 쉬는 시간 동안 너는 체중이 좀 늘은 것 같다.

❺ gain weight
체중이 늘다
I gained weight during the holidays because my mom cooked so much food.
나는 엄마가 너무 많은 음식을 요리해 주어서 휴일 동안에 체중이 늘었다.

❻ turn on
(전등·TV 등을) 켜다, (수도·가스 등을) 틀다
How can you study in this dark room? Turn on the lights!
이렇게 어두운 방에서 어떻게 공부를 해? 전등을 켜라.

❼ turn off
(전등·TV 등을) 끄다, (수도·가스 등을) 잠그다
How do you turn off this phone? I can't find the power button.
이 전화 어떻게 끄나요? 전원 버튼을 찾을 수가 없네요.

BONUS

have ~ on	~을 입고 있다, ~을 속이다
put down	적어두다 write down
put through	성취하다, 완성하다
put up at	~에 숙박하다

③ 여배우 스타만들기 **마술 공연**

STORY
무대 위에서 출연자가 모자에서 달걀을 꺼내니 곧 비둘기로 변한다 turn A into B. 그 앞의 중년 출연자도 막대풍선을 새 모양으로 바꾼다 turn into. 한 출연자는 소형 스포츠카를 좌로 우로 회전한다 turn left/right. 경찰이 다가오자 힘좋은 아저씨가 이 경찰을 뒤집어 넘긴다 turn over. 한 관중이 "재미없어"하고 외면하며 turn away 고개를 돌린다. 그러자 앞에 있던 관중이 무슨 일인가 하여 뒤돌아본다 turn around. 나중에 알게된 것이지만, 이들 출연자들은 모두 사기로 판명되었다 turn out. 순진한 관중들은 이를 전혀 모르고 있었던 것이다.

phrases — turn

❶ turn A (in)to B
A를 B로 바꾸다
The princess's kiss turned the frog into a prince.
공주가 키스하자 개구리가 왕자로 변했다.

❷ turn into
…로 변하다, …이 되다
The ugly green caterpillar turned into a beautiful butterfly.
못생긴 녹색 애벌레가 아름다운 나비로 변했다.

❸ turn left/right
좌/우회전을 하다
Turn left at the second intersection and you'll see the supermarket.
두 번째 교차점에서 좌회전하세요. 그러면 슈퍼마켓이 보일 겁니다.

❹ turn over
뒤집다, 넘기다
The thief turned over the stolen goods to the police.
그 도둑은 훔친 물건을 경찰에게 넘겼다.

❺ turn away
딴 데로 돌리다, 외면하다
The upscale restaurant turned us away because we weren't wearing formal clothes.
우리가 공식 의상을 입지 않았기 때문에 고급 레스토랑은 우리를 외면했다.

❻ turn around
회전하다, 뒤돌아보다
After Rita heard the crash, she turned around and saw a broken vase on the floor.
리타는 깨지는 소리를 들은 후에 뒤돌아보니 바닥에 꽃병이 깨져있는 것을 보았다.

❼ turn out
…로 판명되다, (전등·수도 등을) 끄다[잠그다]
I'm usually a poor cook, but this cake turned out better than I thought.
나는 대개 어설픈 요리사지만, 이 케익은 내가 생각한 것보다 더 나은 것 같네요.

BONUS

by turns	교대로	on after the other
in turn	계속해서, 번갈아, 차례대로	
take turns	번갈아 하다	alternate
turn down	거절하다, 거부하다	reject
turn over a new leaf	새로 시작하다, 새 출발을 하다	

4 여배우 스타만들기 **여배우 등장**

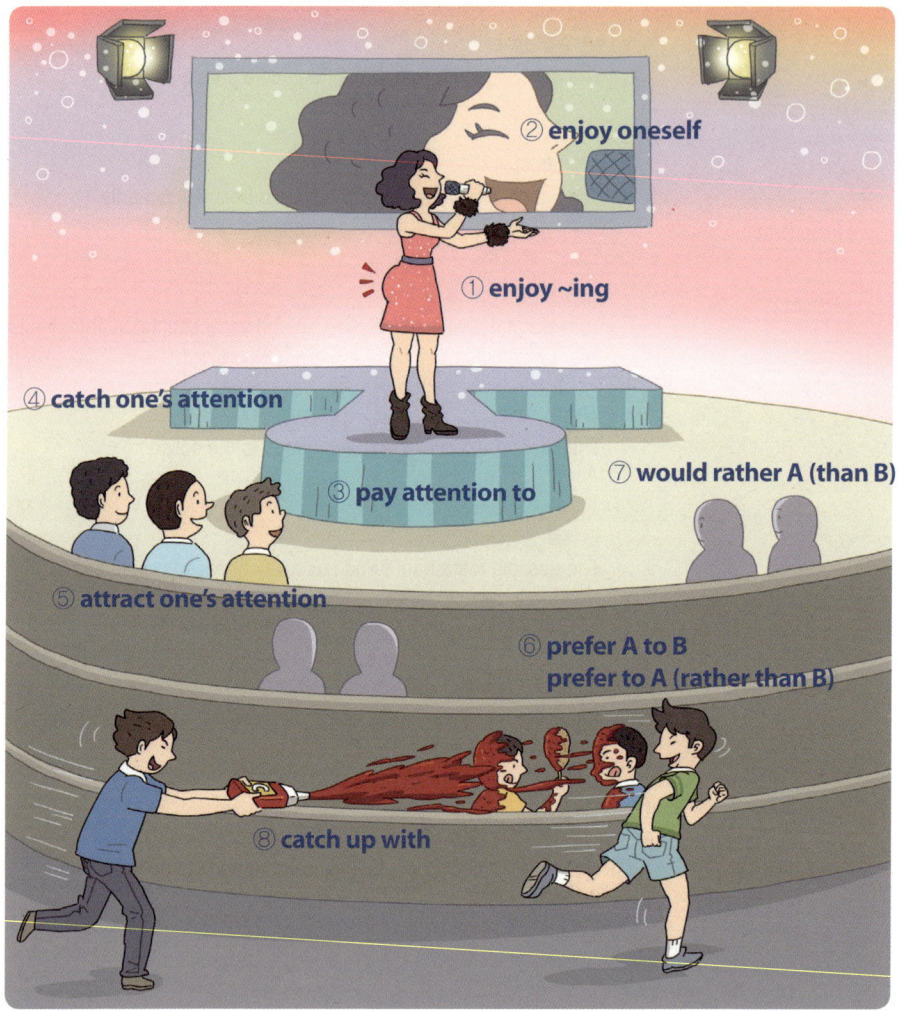

STORY

드디어 기대하던 여배우가 등장한다. 이 여배우는 노래하기를 즐긴다. enjoy ~ing. 얼굴을 확대해 보니 정말로 자신의 삶을 즐기는 enjoy oneself 것을 알 수 있다. 남자 관중들은 이 배우의 모습에 주의를 기울인다 pay attention to. 그야말로 남자들의 주의를 잡아 당기는 catch one's attention 것이고, 매력으로 주의를 이끌어 내는 것이다 attract one's attention. 등을 보이고 있는 여자 관객들은 "나는 이 가수보다 다른 가수가 더 좋아 prefer A to B, prefer to A rather than B, would rather A than B" 하며 불만인 것 같다. 이런 와중에도 꼬마들은 장난하느라 여념이 없다. 한 녀석이 악올리며 도망하자 또 다른 녀석이 케첩을 뿌리며 따라잡으려 catch up with 쫓아간다.

phrases	enjoy, attention, prefer

❶ enjoy ~ing
~하는 것을 즐기다
My sister enjoys surfing and scuba diving.
나의 누이는 서핑과 스쿠버 다이빙하는 것을 즐긴다.

❷ enjoy oneself
즐겁게 지내다
Mary and Joanne enjoyed themselves at the concert last night.
메리와 조안은 어젯밤 콘서트에서 즐겁게 지냈다.

❸ pay attention to
…에 주의를 기울이다
With summer break starting the next day, the students struggled to pay attention to their teacher.
다음날 여름 휴가가 시작되니까, 학생들은 선생님께 주목하려고 애썼다.

❹ catch one's attention
…의 관심을 끌다
It took us nearly ten minutes to catch the waiter's attention in the crowded restaurant.
복잡한 식당에서 웨이터의 주의를 끄는데 거의 10분이 걸렸다.

❺ attract one's attention
…의 관심을 끌다
The bright colors and unique design of the building attracted the artist's attention.
그 빌딩의 밝은 색과 독특한 디자인이 그 예술가의 주의를 끌었다.

❻ prefer A to B
B보다 A를 더 좋아하다
I prefer salty foods to sweet foods.
나는 단 음식보다 짠 음식이 더 좋다.

prefer to A (rather than B)
(B하기보다) A하기를 더 좋아하다
He prefers to play sports rather than just watch them.
그는 스포츠를 그냥 보는 것보다 직접하는 것을 더 좋아한다.

❼ would rather A(than B)
차라리 A하고 싶다, (B보다) A하는 게 낫다
Carrie would rather stay at home and sleep than go shopping in crowded places.
캐리는 복잡한 장소에 쇼핑하러 가는 것보다 집에 머물면서 잠자는 것을 더 좋아한다.

❽ catch up with
따라잡다 cf. keep up with
I will catch up with you.
내가 너를 따라 잡을 거야.

BONUS

catch on · 인기를 얻다, 유행하다

5 여배우 스타만들기 **아침마당 출연**

STORY

이 여가수는 여러 일반 사람들에게 알려지게 be known to 되었다. 노래 잘하는 가수로서 알려져서 be known as 아침 프로그램에 초대받았다. 남자 아나운서는 대화내용을 암기하느라 know ~ by heart 여념이 없다. 여자 아나운서가 입을 연다. "아시다시피 as you know, ..., 어떻게 그렇게 유명해 지셨나요?"

phrases	know

❶ be known to

~에게 알려져 있다
He is known to everybody.
그는 모든 사람에게 알려져 있다.

❷ be known as

~로서 알려지다
Roberto was known as Robbie to all of his friends.
로버토는 그의 모든 친구들에게 로비로 알려졌다.

❸ know...by heart

외우다
I know all fifty U.S. states by heart thanks to a childhood song.
나는 어린 시절 노래 덕택에 50개 미국의 주를 외운다.

❹ as you know

여러분도 알다시피
As you know, there aren't enough seats on the plane. Could you volunteer to take a later flight?
여러분도 아시다시피, 비행기에는 충분한 좌석이 없습니다. 자원해서 다음편을 타시겠습니까?

6 여배우 스타만들기 **마무리 인사**

STORY

이 여가수는 더 많은 이야기를 하고 싶어진다 feel like ~ing. 자랑스럽게 여기는 feel proud of ~ 것이 하나 더 있기 때문이다. 그러자, 여자 아나운서가 "미안합니다 feel sorry for, 곧 끝날 시간이 되어서요." 하며 유감스럽게 느낀다. 남자 아나운서는 방송 대사내용을 미리 암기하지 못한 것에 대해 미안해 한다 be sorry for.

phrases	feel

❶ feel like ~ing

~하고 싶다
Do you feel like seeing a movie? A few really good ones were released recently.
영화 보고 싶으세요? 몇 개 진짜 좋은 영화가 최근에 출시되었는데.

❷ feel proud of

~을 자랑스럽게 여기다
Chad felt proud of himself for finishing his undergraduate degree in only three years.
차드는 3년 만에 학사 학위를 마친 것에 대해 스스로 자랑스럽게 여겼다.

❸ feel sorry for

유감스럽다, 미안하다
The little girl felt sorry for the endangered animals and asked her mom to make a donation.
그 어린 소녀는 위험에 처한 동물을 보고 불쌍하게 생각해서 그녀의 엄마에게 기부하자고 요청했다.

❹ be sorry for

유감스럽다, 미안하다
I'm sorry for arriving late. Traffic was terrible!
늦게 도착해서 미안해요. 교통상황이 끔찍했어요!

Funny Idiom

4. to pull someone's leg

[의미]
장난치다, 놀리다.

[어원]
1. 옛날 중세시대 공개 교수형을 행하던 시절, 형 집행이 끝난 후, 아이들은 시체의 다리를 잡아당겨서 흔들곤 했다고 한다. 혹시 시체의 바지 주머니에서 동전이라도 하나 떨어지지 않을까 싶어서 그런 행위를 했다는 것이다. 부모들이 아이들에게 장난치지 말라고 타이르곤 했다는 데서 유래가 되었다.
2. 18~19세기 영국 런던에서는 강도 2명이 한 조가 되어 한 명은 지나가는 행인의 발을 걸고, 다른 한 명은 떨어지는 돈을 도둑질하곤 했다고 한다.
섬뜩한 내용의 어원에서 유래했다고 하지만 현재는 훨씬 더 재미있고 편하게 사용되는 말이다.

[예문]
He praised my works, but he was actually pulling my leg.
그는 내 작품을 칭찬했지만, 사실이지 그는 나를 놀리는 것이었다.

Ⅳ 브루스 리 스토리

1. 탄생
2. 훈련
3. 운동기구
4. 경기 시합: 입장
5. 경기 시합: 코치진
6. 경기 시합: 링에서 싸움
7. 관중
8. 척 노리스와의 만남
9. 영화 제안
10. 영화 내용: 이전의 삶
11. 영화 내용: 실패
12. 영화 내용: 승리 성공
13. 영화 연예대상
14. 영화 촬영 후
15. 의문의 죽음 스토리
16. 부검과 가족인사
17. 브루스 리 전기

1 브루스 리 스토리 **탄생**

STORY

브루스 리가 태어나자, 그 부모는 넓은 땅에서 자라게 하고 싶었다. 그래서 미국 뉴욕으로 향하는 be bound for 비행기를 탄다. 아빠가 아들 손을 잡고 데리고 간다 bring A to B. 비행기 안에서 한 걸음씩 by step 걷는 모습이 귀엽다. 엄마는 아이를 들어올리며 양육한다 bring up. 기내에서 승무원이 손님의 발을 밟는다 step on (one's foot). 이 일로 손님은 소란을 일으킨다 bring about.

phrases — bound, bring, step

① be bound for
~행이다, …로 향하다
Gina is at the train station. She is bound for New York.
지나는 기차역에 있다. 그녀는 뉴욕으로 가려고 한다.

② bring A to B(@)
A를 B로 가져오다[데려오다]
Don't forget to bring your swimsuit to the beach.
해변에 수영복을 가져오는 것을 잊지 마라.

③ by step
한 걸음씩, 차근차근
Let's tackle this problem step by step.
이 문제를 차근차근 따져봅시다.

④ bring up
기르다, 양육하다
The couple brought up their three children to respect their elders.
그 부부는 자신의 세 자녀들로 하여금 어른들을 공경하도록 양육했다.

⑤ step on (one's foot)
(누구의 발을) 밟다
Ouch! Be careful! You stepped on my foot.
악! 조심해! 네가 내 발을 밟았어.

⑥ bring about
일으키다, 생기게 하다
The new principal brought about new school rules.
새로 오신 교장선생님이 새로운 학교 규칙을 세우셨다.

BONUS

be bound to	반드시 ~하다
follow in one's footsteps	~의 선례를 따르다
step up	나아가다, 증가시키다, 강화하다

2 브루스 리 스토리 훈련

STORY

브루스 리는 자신과의 약속을 지키기 위해 keep a[one's] promise 수련에 들어간다. 위인은 자기가 하기로 약속한 promise to~ 것은 반드시 이루는 법이다. 지금 손을 모으고 공중부양 상태로 유지하는 중이다 keep up. 코치는 "계속 ~해" keep (on)~ing 하면서 엄격하게 훈련시킨다. 밖에서는 사람들이 이 광경을 보려고 하지만, 안에 들이지 않도록 keep out 하고 있다. 브루스 리 팬들도 들어오고자 하나 경찰이 못들어 오게 한다 keep A from B ~ing. 저녁시간에는 하루의 일과를 일기로 꾸준히 기록한다 keep a diary. 애인에게는 '계속 연락하고 지내자 keep[get] in touch (with)' 하면서 머릿속으로 떠올린다.

phrases	keep, promise

❶ keep a[one's] promise
약속을 지키다 = keep one's word, cf. break one's promise[word]
I don't really want to go to the concert, but I'm going to keep my promise I made to my best friend.
나는 진짜 그 콘서트에 가고 싶지 않다. 나의 절친한 친구와 한 약속을 지킬 것이다.

❷ promise to~
…하기로 약속하다
Mr. Sanders promised to treat the class to pizza if everyone did well on the test.
샌더스 씨는 모두가 테스트에서 잘한다면 그 반에 피자를 한 턱 쏘겠다고 약속했다.

❸ keep up
계속 유지하다
You're going to the final round of the competition. Congratulations! Keep up the good work!
너는 이번 경쟁의 마지막 라운드로 가고 있어. 축하해! 계속하여 잘하기 바래!

❹ keep (on) ~ing
계속 …하다, 줄곧 ~하다
If you keep practicing, you'll get stronger and faster.
네가 계속 연습한다면, 너는 더 강해지고 더 빨라지게 될 거야.

❺ keep out
안에 들이지 않다, 들어가지 않다
The fence around the yard keeps out wild animals.
뜰 주위의 담장이 야생동물을 들어오지 못하게 한다.

❻ keep A from B(~ing)
A가 B하는 것을 막다[못하게 하다]
Paula's parents kept her from watching violent movies and shows.
파울라의 부모들은 그녀가 폭력적인 영화나 쇼를 보지 못하게 했다.

❼ keep a diary
(습관적으로) 일기를 쓰다
Jane has been keeping a diary since she was six years old.
제인은 6살 이래로 계속 일기를 써왔다.

❽ keep[get] in touch (with)
(…와) 계속 연락하고 지내다
I didn't keep in touch with my high school friends after graduation. I wonder what everyone is doing nowadays.
나는 졸업 후에 고등학교 친구들과 연락하고 있지 않다. 나는 모두들 요즈음 무엇을 하는지 궁금하다.

BONUS

keep after	(계속) 잔소리하다
keep off	가까이하지 않다 stay off
keep on	계속하다 continue
keep early hours	일찍 자고 일찍 일어나다
keep late hours	늦게 자고 늦게 일어나다

3 브루스 리 스토리 **운동기구**

① used to~
② be used for
③ of use
④ make (good) use of
⑤ be used to~ing

STORY

브루스 리는 습관적으로 자신의 몸을 만드는데 시간을 들이곤 했다 used to~. 수련장에는 여러 용도로 사용되는 be used for 무기들이 준비되어 있다. 이중에서 쌍철봉이 그에게는 쓸모있는 of use 무기였다. 이것을 잘 사용하는 make (good) use of 액션이 멋지다. 한참 연습 후에 모든 무기를 사용하는데 익숙해졌다 be used to~ing.

phrases	use, used

❶ used to~
(과거에) ~하곤 했다[이었다]
We loved roller coasters when we were younger so we used to go to an amusement park every summer.
우리는 젊었을 때 롤러 코스터를 좋아해서 매년 여름에 놀이공원에 가곤 했다.

❷ be used for
…로[…을 위해] 사용되다
This little gadget is used for slicing fruits and vegetables quickly.
이 작은 도구가 과일과 야채를 빨리 얇게 써는 데 사용된다.

❸ of use
쓸모 있는
An extra study group session would be of great use for the upcoming exams.
추가의 연구 그룹 시간을 가지면 다가오는 시험에 크게 유용할 것이다.

❹ make (good) use of
(잘) 이용하다
Some people are able to make good use of other people's trash.
어떤 사람들은 다른 사람의 쓰레기를 잘 활용할 수 있다.

❺ be used to~[~ing]
~에 익숙하다 = be accustomed to
Because she's been acting since she was a baby, she is used to all the glamor of Hollywood.
그녀는 아기 때부터 연기를 해왔기 때문에, 헐리웃의 모든 화려함에 익숙해 있다.

Bruce Lee Story | 73

4 브루스 리 스토리 경기 시합: 입장

STORY

드디어 경기 시합을 하러 링에 오른다. 심판 세 명이 브루스 리를 바라본다 look at, have a look at, take a look at. 상대 선수는 그를 뚫어져라 쳐다본다 stare at. 라운드 걸은 주위를 둘러보며 look around 사람들의 주목을 끌고 있다. 브루스 리의 코치는 뭔 소리가 났는지 밖을 쳐다본다 look out. 레드 카펫에는 브루스 리를 싫어하는 녀석이 압정을 뿌린다. 조심해야 watch out 겠다.

phrases — look ①

① look at
보다, 바라보다
Look at this mess! It's going to take forever to clean it all up.
이 너저분한 것 좀 봐라! 다 치우는데 평생 걸릴 것 같다.

② have a look at
보다
Could you have a look at my car? It's making strange sounds.
제 차 좀 봐주실래요? 이상한 소리가 나요.

③ take a look at
보다
Take a look at your answer again. I think you miscalculated something.
답을 다시 보세요. 뭔가 계산을 잘못했다고 생각해요.

④ stare at
빤히 보다, 응시하다
It's not polite to stare at other people.
다른 사람을 빤히 쳐다보는 것은 공손한 것이 아니다.

⑤ look around
주위를 둘러보다
Eric looked around his house three times before finding his keys.
에릭은 그의 집을 세 번이나 돌아보고 나서 그의 열쇠를 찾게 되었다.

⑥ look out
밖을 내다보다, 조심하다
I always request a window seat so I can look out the window.
나는 항상 창측 좌석을 요청해서 창밖을 내다볼 수 있다.

⑦ watch out
조심 [주의]하다
It snowed a lot last night. So watch out for icy roads if you go out.
지난 밤 눈이 많이 내렸어. 그러니 밖에 나가면 얼음길을 조심해.

5 브루스 리 스토리 경기 시합: 코치진

STORY

브루스 리 코치는 땀을 닦아 주며 뒤에서 돌본다 look after. 상대선수는 몸을 흔들며 준비운동을 한다 warm up. 심판이 보기에는 등치가 큰 그 선수가 이길 것처럼 보인다 look like. 브루스 리 애인은 이번 시합에서 꼭 이기기를 고대한다 look forward to~ing.

phrases | look ❷

❶ look after
돌보다
Zoe looks after her little brother everyday after school until their parents get home.
조우는 그녀의 어린 남동생을 방과 후에 부모님이 집에 올때까지 매일 돌보아 준다.

❷ warm up
준비 운동을 하다, 따뜻하게 하다
Warm up before you run to prevent injuries.
몸이 손상되는 것을 방지하기 위하여 달리기 전에 준비운동을 해라.

❸ look like
…처럼 보이다, ~인[일] 것 같다
Has anyone ever told you that you look like a super model?
누군가 전에 너에게 네가 수퍼모델처럼 보인다고 말했니?

❹ look forward to ~ing
…하기를 고대하다
We're really looking forward to going on vacation.
우리는 진정으로 휴가가기를 고대하고 있다.

BONUS

look back (up)on [at]	회상하다
look on	방관하다
look out for	~에 주의하다, 경계하다
look over	자세히 조사하다, 검토하다
look to	~에 주의하다 pay attention to
look to A for B	A에게 B를 바라다

Bruce Lee Story | 77

6 브루스 리 스토리 경기 시합: 링에서 싸움

STORY

심판은 흉기를 숨겼는지 확인하기 위해 몸안을 조사한다 look into. 그 선수는 브루스 리를 훑어본다 look through. 관중 한 명은 덩치가 큰 그 선수를 올려다본다 look up. 평소 브루스 리를 존경하는 look up to~ 관중이 좋아하며 쳐다본다. 코치는 뒤에 무엇을 떨어뜨렸는지 찾고 있다 look for.

phrases — look ❸

❶ look into

들여다보다, 조사하다
The police are looking into an incident that took place during the football game.
경찰은 풋볼 게임 동안에 일어나는 사건을 조사하고 있다.

❷ look through

훑어보다, 통해 보다
It took me two hours to look through all the photos to find the one I was looking for.
내가 찾고 있던 것을 발견하기 위하여 모든 사진을 훑어보는데 2시간이 걸렸다.

❸ look up

찾아보다, 올려다보다
Use a thesaurus to look up new words to add variety to your writing.
작문에 다양성을 더해주는 새 단어를 찾아볼 때 동의어 사전을 사용하라.

❹ look up to~

존경하다, 우러러보다
Sam looked up to his brother Dean because he was so brave.
샘은 그의 형제 딘이 너무 용감했기 때문에 그를 존경하였다.

❺ look for

찾다
My sister looked for my phone and found it behind the couch.
나의 누이는 내 전화기가 어디있는지 찾아보았고, 그것을 침상 뒤에서 발견했다.

BONUS

look down on 경멸하다
look down one's nose at ~을 깔보다, 경멸하다

7 브루스 리 스토리 **관중**

STORY

경기 결과에 두 부류의 사람들이 내기를 걸고 있다. 안내 여성이 왼손에는 가입자 이름들로 가득 채운 fill A with B 명단을 들고, 오른손에는 새로 기입할 fill out 종이를 들고 사람들의 마음을 얻어내려 한다. 이미 한쪽 편은 내기에 동참한 사람들로 가득차 있고 be filled with, 돈도 벌써 점점 책상에 가득차 be full of 있다. 다른 한편에 있던 사람은 상대편의 호감을 사려고 맥주잔을 가득 채운다 fill up. 이렇게 내기 현장을 가보면 승승장구하는 쪽과 그렇지 않은 쪽으로 나뉘어진다 be divided into. 수익이 나지 않으면 돈을 어떻게 나눌지 divide A into B 그것도 걱정이다.

phrases — fill, divide

❶ fill A with B
A를 B로 채우다
Jenny filled her cup with fresh lemonade.
제니는 그녀의 컵을 신선한 레모네이드로 채웠다.

❷ fill out
(서류에) 써넣다, 기입하다
Excuse me, but could you explain how to fill out this application?
실례합니다만, 이 신청서에 기입하는 법을 설명해 주시겠습니까?

❸ be filled with
…로 가득 차다
This pillow is so soft because it's filled with light feathers.
이 베개는 가벼운 깃털로 가득차 있기 때문에 매우 부드럽다.

❹ be full of
…로 가득 차다
The show was full of magic, music and dancing.
그 쇼는 마술, 음악, 춤으로 가득 찼다.

❺ fill up
가득 채우다[차다]
Sally is glad that fuel prices are lower because she needs to fill up her car's tank.
샐리는 그녀의 차 탱크를 가득 채울 필요가 있기 때문에, 연료 가격이 낮아진 것을 보고 기뻐한다.

❻ be divided into
…로 나누어져 있다
The state was divided into twenty different districts for tax purposes.
그 주는 세금을 거둘 목적으로 하여 20개의 다른 구역으로 나누어져 있다.

❼ divide A into B
A를 B로 나누다
I'm going to divide my burrito into two halves. It's so big that I think I'll save one half for later.
나는 내 부리토를 두 개의 반으로 나누려고 한다. 그것은 너무 커서 그중 반인 한 개를 나중을 위해서 예비해 놓을까 생각한다.

BONUS

fill in for ～를 대신하다
fill in on ～에게 새로운 정보를 알리다

Bruce Lee Story | 81

8 브루스 리 스토리 **척 노리스와의 만남**

STORY

브루스 리는 척 노리스와의 역사적 만남을 갖게 된다. 척 노리스는 '좋은 일이 없을까?'하고 혼잣말을 한다 talk to oneself. 그리고 옆에서 붕어빵 장사를 하는 아저씨에게 말을 건다 talk to~. 이런 일도 하찮아 보일 수 있지만 일이 잘 되어가서 work out, 이런 장사를 위해 일하는 work for 것을 자원하는 사람들이 몰려올 수도 있으리라. 사업 수완을 보고 이에 대해 이야기를 나누는 have a talk (with) 커플도 보인다. 브루스 리는 인생을 의미있는 일에 드리자고 하면서 척 노리스에게 영화산업에 대해 말한다 talk about [of].

phrases — talk, work

❶ talk to oneself
혼잣말을 하다, 마음속으로 생각하다
Some scientists say that talking to yourself can make you smarter.
어떤 과학자들은 자신에게 말하는 것이 자신을 더 스마트하게 만들 수 있다고 말한다.

❷ talk to~
~와 이야기하다, ···에게 말을 걸다
When I feel upset, I like to talk to my best friend.
내가 화날 때, 나는 가장 친한 친구에게 말하는 것을 좋아한다.

❸ work out
(문제를) 풀다, (계획을) 세우다, 잘 되어가다, 운동하다
Despite all the problems during production, the movie worked out great.
그 영화를 만드는 동안 수많은 문제가 있었을지라도, 그 영화는 크게 잘 풀렸다.

❹ work for
~을 위해 일하다, ~에 근무하다
Chuck works for a law firm as a legal assistant.
척은 법률 보조원으로 로펌(법률회사)에서 근무한다.

❺ have a talk (with)
···와 이야기를 나누다
The teacher had a talk with the student's parents about his low grades.
선생님은 그 학생의 낮은 점수에 대해서 그의 부모들과 이야기를 나누었다.

❻ talk about [of]
···에 관해 말[이야기]하다
Meg doesn't like gossip so she tries not to talk about other people.
멕은 잡담 나누는 것을 좋아하지 않아서 다른 사람들에 대해 말하려고 하지 않는다.

BONUS

make short work of   ~을 재빨리 해치우다
work on   영향을 미치다 influence

9 브루스 리 스토리 **영화 제안**

> **STORY**
>
> 영화사 사장님이 여기저기에 전화하며 make a call 사업 기회를 잡으려 한다. "브루스 리는 소위 what is called 무술의 달인이라고 할 수 있지요"라고 소개하는 중이다. 비서는 중국집에 배달하기 위해 전화한다 call up. 배달시킨지 얼마되지 않아 배달부가 방문한다 call on. "짜장면 시키신 분"하고 배달부가 소리지른다 call out. 이때는 다른 여직원이 막 전화를 끊는 hang up 참이었다. 요즈음은 유선이 아니라 무선 전화기로 통화 중인 on the phone 경우가 많다.

phrases	call

① make a call

전화하다
I'll be there in five minutes. I need to make a call to my bank before they close.
5분 내에 거기에 도착할 거야. 은행이 문닫기 전에 전화할 필요가 있어.

② what is called

소위, 이른바 what we[you, they] call
He is using beef jerky as what is a called a "lure" to grab his dog's attention.
그는 개의 주의를 끌기 위해서 소위 "미끼"로 육포를 사용한다.

③ call up

전화하다
Let's call up Kris to see if he wants to go camping with us.
크리스에게 전화해서 우리와 같이 캠핑가길 원하는지 알아보자.

④ call on

방문하다, 청하다(부탁하다)
Most people call on the police when there is an emergency.
대부분의 사람들은 비상시에 경찰에게 부탁한다.

⑤ call out

큰 소리로 부르다[외치다]
The news anchor called out the winning numbers for tonight's lottery.
뉴스 앵커는 오늘 복권의 당첨 번호를 큰 소리로 불렀다.

⑥ hang up

전화를 끊다, 걸어두다
Brian always hangs up when telemarketers call.
브라이언은 텔레마케터가 전화할 때는 항상 전화를 끊는다.

⑦ on the phone

전화상으로, 통화 중인
Could you wait here for just a moment? Bobby's on the phone, but he should be done soon.
여기서 잠깐 기다려 줄래요? 보비가 통화 중인데, 곧 끝날 거에요.

10 브루스 리 스토리 영화 내용: 이전의 삶

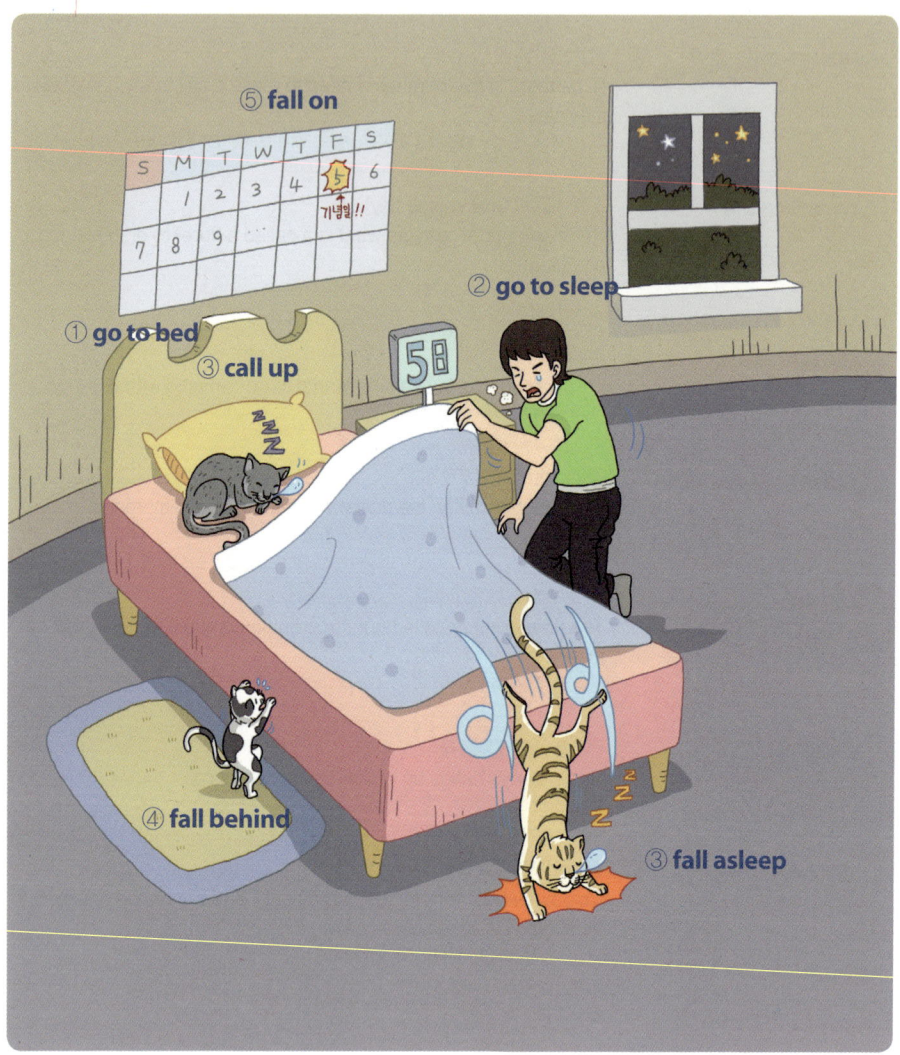

STORY

영화의 내용은 스타 이전의 삶으로부터 시작한다. 처음에는 잠에 취해 살았다. 검은 고양이도 잠자리에 들고 go to bed, 브루스 리도 잠자러 간다 go to sleep. 누런 고양이도 잠들어 fall asleep 침대에서 떨어지는 것도 모른다. 이렇게 잠만 자다 보면 시대에 뒤처지게 fall behind 된다. 때마침 밖에 나가봐야 하는 특별한 날인데 fall on 이렇게 시간을 낭비한다.

| phrases | fall ❶ |

❶ go to bed

잠자리에 들다
Michael went to bed around 2 a.m. last night.
마이클은 지난 밤 2시경에 잠자리에 들었다.

❷ go to sleep

잠들다
I want to go to sleep, but there's too much work to do.
나는 잠자고 싶지만, 할 일이 너무 많다.

❸ fall asleep

잠들다
Anna always falls asleep while watching movies.
안나는 항상 영화를 보면서 잠이 든다.

❹ fall behind

뒤떨어지다, 뒤처지다
Karen stayed up late to study because she didn't want to fall behind in class.
카렌은 수업에 뒤처지기를 원치 않기 때문에 공부하기 위해서 밤 늦게까지 자지 않고 있었다.

❺ fall on

(특별한 날이) 바로 …날이다, 떨어지다
Samantha tripped on her dog and fell on the floor.
사만다는 그녀의 강아지에 걸려 넘어져서 바닥에 떨어졌다. (trip: v. 발을 헛디디다, 넘어뜨리다)

11 브루스 리 스토리 영화 내용: 실패

STORY

처음 훈련에 돌입했을 때는 실패의 연속이었다. 여러 가지 동작에 실패하였다 fail in. 동작을 제대로 하지 못해서 fail to 턱이 바닥에 부딪친다. 또한 계단에서 떨어져 fall off, 공중에서 아래로 떨어진다 fall down. 또한 소파에 걸려 굴러 떨어진다 tumble down.

phrases	fall ❷, fail

❶ fail in
…에 실패하다
He failed in science because he wasn't good at math.
그는 수학을 잘하지 못하기 때문에 과학에 실패했다.

❷ fail to~
…하지 못하다
The driver had to pay a fine because he failed to stop at a stop sign.
그 운전수는 정지 신호에 멈추지 않았기 때문에 벌금을 지불해야 했다.

❸ fall off
떨어지다
The little boy fell off his bike many times as he was trying to learn how to ride it.
그 어린 소년은 자전거를 타려고 배우면서 여러 번 자전거에서 떨어졌다.

❹ fall down
넘어지다, 무너지다, 떨어지다
Sunny fell down the stairs because she wasn't careful.
서니는 조심하지 않아서 계단에서 굴러 떨어졌다.

❺ tumble down
굴러 떨어지다
Claire playfully tumbled down the snowy hill after her friends.
클레어는 장난스럽게 그녀의 친구를 뒤따라서 눈덮인 언덕 아래로 굴러 떨어졌다.

12 브루스 리 스토리 영화 내용: 승리 성공

STORY

코치는 브루스 리에게 경기에 임해서는 항상 진정하도록 calm down 한다. 치어걸은 격려의 기운을 북돋운다 cheer up. 그러나, 항상 비웃는 laugh at 사람이 있기 마련이다. 브루스 리의 애인은 그에게 미소 짓는다 smile at. 그도 미소를 지으며 with a smile 하트 모양으로 신호를 보낸다. 이들 둘은 서로 사랑에 빠진다 fall in love (with). 드디어 영화에 대박 성공을 이룬다 succeed in. 그는 후원해준 사람들에게 사랑의 안부를 전한다 give one's love to.

phrases	smile, love

❶ calm down — 진정시키다, 진정하다
Please calm down. There's no reason to be angry.
제발 진정하세요. 화를 낼 이유가 없어요.

❷ cheer up — 기운이 나다, 기운을 북돋우다
The song's upbeat melody cheered everyone up.
노래의 경쾌한 멜로디는 모든 사람의 기분을 북돋우었다.

❸ laugh at — 비웃다
The little children laughed at the goofy clown.
그 어린 아이들은 바보 광대를 보고 웃었다.

❹ smile at — …에게 미소 짓다
Harry smiled at the beautiful woman in the cafe.
해리는 카페에서 아름다운 여인을 보고 미소 지었다.

❺ with a smile — 미소를 지으며
The waitress served our food with a smile.
여 종업원은 미소 지으며 음식을 서빙했다.

❻ fall in love (with) — (~와) 사랑에 빠지다
They fell in love with each other after being friends for two years.
그들은 2년 동안 친구로 지내다가 서로 사랑에 빠졌다.

❼ succeed in — …에 성공하다 cf. succeed to
Alfred succeeded in getting into his dream university.
알프레드는 그의 꿈의 대학에 들어가는데 성공했다.

❽ give one's love to~ — …에게 안부를 전해주다
Give my love to your parents-I haven't seen them in such a long time.
부모님께 안부를 전해주시오. 그토록 오랫동안 그분들을 보지 못했소.

BONUS

fall back on	~에 의지하다 depend on
fall in with	우연히 만나다 happen to meet, agree to
fall out with	~와 사이가 나빠지다
fall through	실현되지 못하다

13 브루스 리 스토리 **영화 연예대상**

> **STORY**
>
> 브루스 리가 유명해지자, 주위에 팬들이 극성이다. 수행원이 그를 차에 태운다 pick up. 극성팬 중에서 예쁜 한 여성을 골라서 pick out 그를 만날 수 있도록 허락해 준다. 그녀는 "덕분에 thanks to, 잘 만나 볼게요."하고 고마워한다. 넥타이를 맨 통제요원이 팬들의 성원에 감사해한다 thank A for B. 차를 타는 브루스 리도 감사하며 be thankful for 손을 흔든다.

phrases — pick, thank

① pick up
집다[줍다], 차에 태우다, (정보 등을) 얻다
Don't make dinner tonight. I'll pick up a pizza on the way home.
오늘 저녁 준비하지 마요. 집으로 오는 길에 피자를 들고 오겠소.

② pick out
골라내다, 식별하다
Sarah woke up early every day to pick out her clothes.
사라는 옷을 고르기 위해서 매일 일찍 일어난다.

③ thanks to~
··· 덕택에, ··· 때문에
Thanks to the weather, the picnic was canceled.
날씨 때문에 피크닉은 취소되었다.

④ thank A for B
A에게 B에 대해 감사하다
The rock band thanked their fans for their support.
그 록밴드는 지지해 주는 팬들에게 감사하였다.

⑤ be thankful for
···에 대해 감사히 여기다
I'm thankful for my family, friends and good health.
나는 나의 가족, 친구 그리고 좋은 건강에 대해 감사하게 생각한다.

BONUS

because of	~ 때문에, 이유로, 덕택에
on account of	~ 때문에, 이유로, 덕택에
due to	~ 때문에, 이유로, 덕택에
on (the) grounds of	~ 때문에, ~ 를 근거로

14 브루스 리 스토리 **영화 촬영 후**

STORY

브루스 리가 호텔에 머물고 있었는데 그를 해하고자 하는 음모를 꾸미는 무리가 있었으니! 평상시처럼 호텔에 투숙 수속을 하고 check in, 계산하고 나오는 check out 사람들, 그리고 단순히 손님을 만나러 방문하는 pay a visit to 사람들이 드나들고 있다. 일당은 급히 차를 멈춘다 pull up. 나오자마자 총을 꺼낸다 pull out. 다른 일당은 "손해본 것을 되갚아 줘야지 pay back"하며 손짓을 한다. 호텔에 투숙할 때는 비용을 지불해야 pay for 들어갈 수 있다.

phrases	check, pull, pay

① check in
(호텔·공항에서) 투숙[탑승] 수속을 하다
After we check in and put our bags in our room, we're going to find somewhere to eat.
우리는 호텔에 체크인하고 가방을 방에 놓은 후에, 식사할 곳을 찾아 나선 것이다.

② check out
(책 등을) 체크하고 빌리다, (호텔에서) 계산하고 나오다, 확인[점검]하다
Oliver went to the library and checked out a book about cognitive psychology.
올리버는 도서관에 가서 인지 심리학에 관한 책을 체크하고 빌렸다.

③ pay a visit to~
방문하다
If you have time, pay a visit to Seoul museum of history.
시간이 있으시면, 서울 역사 박물관을 방문해 보세요.

④ pull up
(차를) 멈추다, 잡아 올리다
I pulled up at the traffic lights.
나는 신호등 있는 데서 차를 멈추어 섰다.

⑤ pull out
꺼내다, 뽑다
Hannah reached into the bag and pulled out the winning raffle ticket.
한나는 가방에 손을 넣고 우승 복권 티켓을 꺼냈다.

⑥ pay back
(돈을) 갚다, 보복하다
It took Alice ten years to pay back her school loans.
앨리스가 학교 대출을 상환하는데 10년이 걸렸다.

⑦ pay for
…의 값을 치르다, 지불하다
Most people pay for their purchases by card nowadays.
오늘날 대부분의 사람들은 자신의 구매 비용을 카드로 지불한다.

BONUS

pull/draw one's leg ~을 놀리다, 희롱하다

Bruce Lee Story | 95

15 브루스 리 스토리 **의문의 죽음 스토리**

STORY

브루스 리의 죽음은 풀리지 않는 미스테리로 남아있다. 코치는 한숨을 쉬며 with a sigh 그의 죽음을 슬퍼한다. 영화감독은 "나 때문에 because of"하면서 자책한다. 의사는 "○○ 약물로 인해서 due to.. 생긴 거에요" 하고 증거를 대려고 한다. 애인은 "도대체 on earth 왜 이런 일이 일어났지?"하며 슬픔에 잠긴다.

phrases ~때문에

① with a sigh

한숨을 쉬며
The child reluctantly began her daily chores with a sigh.
아이는 마지못해 한숨을 쉬며 자기의 일상적인 집안일을 시작했다.

② because of

… 때문에 = on account of
Everyone wore masks because of the spreading flu.
독감이 번지고 있어서 모든 사람이 마스크를 착용했다.

③ due to

… 때문에   cf. be due to ~할 예정이다
The game was postponed due to foggy weather.
그 게임은 안개 낀 날씨 때문에 연기되었다.

④ on earth

(의문문에서) 도대체, (부정문에서) 전혀, 이 세상의 = in the world
How on earth did you get backstage tickets to the concert?
도대체 당신은 콘서트 무대 티켓을 어떻게 구했나요?

16 브루스 리 스토리 **부검과 가족인사**

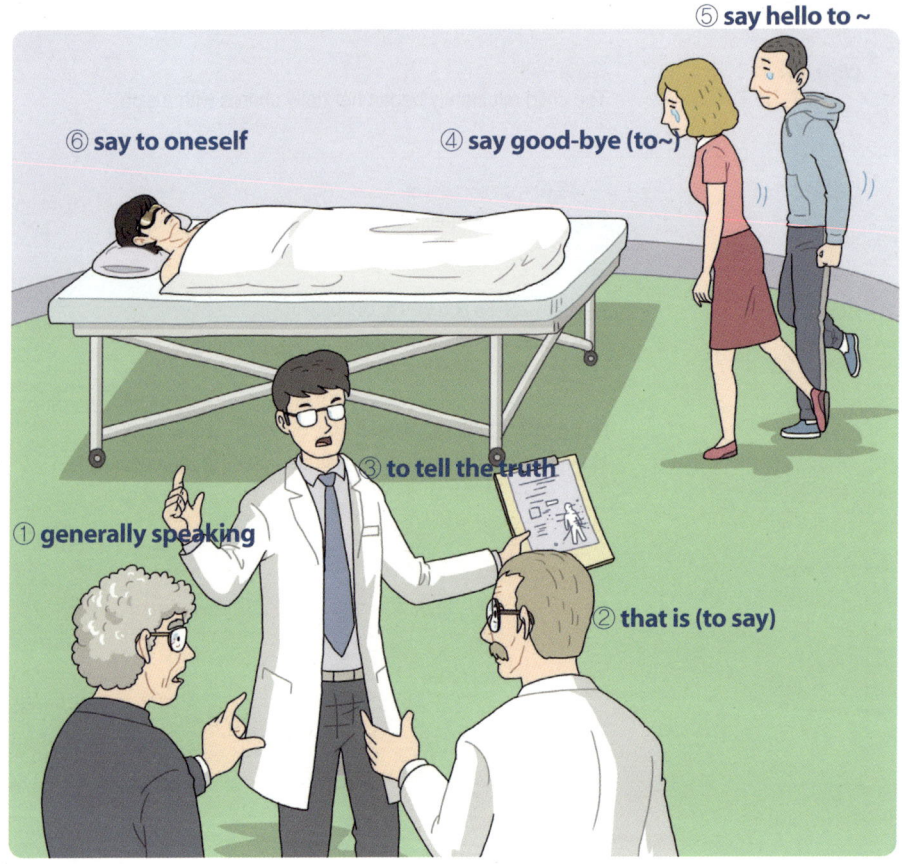

STORY

브루스 리의 죽음 앞에서 전문가들이 사인(死因)을 밝히려고 한다. "일반적으로 말해서 generally speaking, 이런 경우는..", "즉 that is (to say), 모함이라는 것.." 전문의는 증거서류를 내보이며 자신의 의견을 말한다. "사실대로 말하자면 to tell the truth.." 좋아하던 애인과 코치가 찾아온다. "잘가요, 작별인사하러 say good-bye to 왔어요." "이보게 그동안 수고했네, 나도 안부 전하네 say hello (to~)"누워있는 브루스 리는 혼잣말을 한다 say to oneself. '나는 죽지 않고 살아있네'

phrases — say, speak, tell

❶ generally speaking

일반적으로 말하면
Generally speaking, the chance of getting hacked is pretty low.
일반적으로 말하면, 해킹 가능성은 매우 낮습니다.

❷ that is (to say)

즉
Travel to Hawaii peaks from December to February, that is to say when the weather is the coldest elsewhere.
하와이 여행은 12월부터 2월까지, 즉 그밖의 다른 곳의 날씨가 가장 추울 때에 정점을 이룬다.

❸ to tell the truth

사실대로 말하자면
The little girl was reluctant to tell the truth about the broken vase.
그 어린 소녀는 깨진 꽃병에 대해 진실을 얘기하기를 꺼려했다.

❹ say good-bye (to~)

(~에게) 작별 인사를 하다
Calvin said good-bye to Miss Meyer at the end of the school day.
칼빈은 학교 일과 마지막 때 마이어 양에게 작별인사를 하였다.

❺ say hello to

~ 안부를 전하다
I stopped by my old school to say hello to my former teachers.
나는 이전의 선생님들에게 안부를 전하기 위해 나의 모교에 들렀다.

❻ say to oneself

혼잣말을 하다, 마음속으로 생각하다
"What a beautiful day," I said to myself.
"얼마나 아름다운 날인가"하고 나는 혼잣말을 하였다.

17 브루스 리 스토리 **브루스 리 전기**

STORY

이제 브루스 리 시리즈 대단원의 막이 내린다. 작가는 브루스 리를 아꼈던 분들에게 편지를 쓴다 **write (to) ~**. 편지지에 글을 써 내려간다 **write down**. '모든 것의 초기에는 **at the beginning of** 좋았습니다.' '일이라는 것이 처음에는 미약함으로 시작하지요 **begin with**. 결국 허무하게 끝나지요.' 작가가 글을 써서 가방에 넣고 전화를 끊지 않고 상대방의 응답을 기다린다 **hold on**. 그때 강도가 "손들어 **hold up**"하고 총을 겨눈다. 그때 의문의 검은 존재가 손을 그 강도에게 내민다 **hold out**.

phrases — write, hold

① write (to) ~
(사람) …에게 편지를 쓰다
Cameron wrote to his grandma once a week.
카메론은 1주에 한 번 할머니에게 편지를 썼다.

② write down
적어놓다
Do you have a pen? I need to write down my shopping list before I forget something.
펜 있으세요? 잊어버리기 전에 내 쇼핑 목록을 적어둘 필요가 있어서요.

③ at the beginning of
…의 초기[처음]에
At the beginning of the movie, we didn't know who the suspect was.
영화 시작 부분에서, 우리는 용의자가 누구인지 알지 못했다.

④ begin with
…부테[로] 시작하다
The festival began with a big parade downtown.
축제는 커다란 시가 퍼레이드로 시작하였다.

⑤ hold on
(전화를 끊지 않고) 기다리다, 기다려[멈춰]
Hold on, please.
잠시 기다리세요.

⑥ hold up
들어 올리다, 떠받치다
The tour guide held up a sign to keep the group together.
관광 가이드는 그룹을 함께 모으기 위해서 표시판을 들어올렸다.

⑦ hold out
내밀다
Hold out your hand and help me get up.
손을 내밀어 제가 일어나도록 도와주세요.

BONUS 1

boil down	끓여 졸이다, 요약하다	keep down	억제하다, 낮추다
crack down	일제히 단속하다	play down	가볍게 여기다, 경시하다 ↔ play up 강조하다, 과대평가하다
die down	시시히 소멸되나, 차차 진정되다		
jot down	간단히 적다, 메모하다	settle down	정착하다, 흥분이 가라앉다

BONUS 2

get(take) hold of	잡다
hold back	keep back
hold fast to	~을 고수하다, ~을 꼭잡다
hold water	이치에 맞다

Funny Idiom

5. get someone's goat

[의미]
성가시게 하다, 화나고 짜증스럽게 하다.

[어원]
이 표현은 1900년경 미국 경마(horse racing)에서 유래한다. 당시에는 경기출전을 앞둔 경주마의 우리에 염소를 넣어두는 관습이 있었다. 그 이유는 염소가 말과 친구가 되어 시합을 앞두고 흥분한 상태에 있는 경주마를 진정시켜준다고 믿었기 때문이다. 그런데 경쟁 관계에 있는 사람들이 이 사실을 알고 이 염소들을 몰래 가져가 버렸더니, 말들이 너무 동요하고 긴장하여 경기 출전조차 못하게 되었다는 것이다. 이후, 누군가 goat를 훔쳐가 버리면 '마음의 평정심을 잃어버리고 화를 내게 만든다'는 의미로 사용하게 되었다.

[예문]
Everybody seems to be getting my goat today.
오늘 모두 다 나를 화나게 하는 것 같아.

V 유학의 꿈

1. 유학 결심

2. 미국 도착

3. 교수 면담

4. 강도 높은 공부

5. 방황

6. 선배의 조언

7. 불굴의 의지

8. 학위 취득(꿈의 실현)

9. 금의환향

1 유학의 꿈 **유학 결심**

STORY

사람은 누구나 자신의 미래에 대해 꿈을 꾼다 dream about[of]. 젊은 농부는 밭을 갈다가 우연히 by chance 두 청년이 보는 신문에 주목한다. 이들은 유학의 기회를 잡으려고 get a chance to, have a chance to 뚫어지게 쳐다본다. 인생은 월척(大漁)을 낚듯이 과감히 시도해야 dare to 한다. 이 젊은 농부도 미국으로 유학을 가기로 결정한다 decide to.

phrases	chance

❶ dream about[of]
…에 대해 꿈꾸다
She dreamed about becoming a movie star.
그녀는 영화 스타가 되는 꿈을 꾸었다.

❷ by chance
우연히, 뜻밖에 = by accident
Ian was invited to the party by chance when he met an old friend at the store.
이안은 우연히 가게에서 오랜 친구를 만나 파티에 초대되었다.

❸ get a chance to
…할 기회를 갖다
When you get a chance to call your brother, let me know. I'd like to talk to him, too.
형제분께 전화를 걸게 되면, 저에게 알려주세요. 저도 그에게 말하고 싶어서요.

❹ have a chance to
…할 기회를 갖다
Sorry, but I haven't had a chance to read the book yet.
미안하지만, 그 책을 읽을 기회가 없었어요.

❺ dare to~
감히[과감히] …하다
Gary doesn't dare to talk to his father when he is angry.
개리는 아버지가 화내실 때는 감히 그에게 말하지 못한다.

❻ decide to~
…하기로 결심[결정]하다
We decided to buy tickets in advance for the Christmas concert.
우리는 크리스마스 콘서트를 위해 미리 티켓을 구매하기로 결정했다.

2 유학의 꿈 미국 도착

> **STORY**
>
> 이 농부가 배낭 멘 학생에게 "너 어디 갈 예정이니 be going to ?"하고 묻는다. "나, 해외 유학가려고 go abroad" "태평양을 가로질러 go across 미국가는데, 중간에 하와이를 돌아서 가려고 go around 생각중이야" 시간이 흘러 이 젊은 농부도 해외 유학을 가게 되었다. 현지에 도착하자 어머니가 마음에 떠오른다 come to one's mind. 열심히 살아야지 하며 굳게 결심하고 make up one's mind, 어머니의 말씀을 마음에 새긴다 keep .. in mind.

phrases — go ❶, mind

❶ be going to
…할 예정이다
I'm going to visit New York at the end of the month.
나는 다음 달 말에 뉴욕을 방문할 예정이다.

❷ go abroad
해외[외국]에 가다
Kyla went abroad to study law.
카일라는 법을 공부하기 위해 해외로 갔다.

❸ go across
건너가다, 가로질러 가다
Ann went across the street to the convenience store to get a snack.
앤은 스낵을 사기 위해 거리를 가로질러 편의점에 갔다.

❹ go around
~둘레를 돌다
The front door was locked so the man went around the building to try the back door.
정문이 잠겨있어서 그 남자는 빌딩을 돌아 후문을 시도해 보려고 했다.

❺ come to one's mind
(생각이) 마음에 떠오르다
When you talk about amusement parks, the first thing that comes to my mind is roller coasters.
놀이공원에 대해서 말할 때, 마음에 떠오르는 첫 번째 것은 롤러 코스터이다.

❻ make up one's mind
결심[결정]하다
I can't make up my mind on what to eat!
무엇을 먹을지 결정할 수 없다.

❼ keep .. in mind
명심하다, 염두에 두다
Keep these mnemonic devices in mind while you take your test.
시험을 치르는 동안 이 연상 기법을 염두에 두시오.

BONUS

cross one's mind   갑자기 생각나다, 떠오르다
recall to one's mind   회상하다

3 유학의 꿈 **교수면담**

> **STORY**
>
> 처음에는 적응하기가 쉽지 않았다. 그러나 화분에 싹트는 come up 새싹을 보며 용기를 얻어 교수님을 찾아가야겠다고 생각해 낸다 come up with. 교수님은 "들어와 come in"하는 소리를 듣는다. 교수님은 연구실 안으로 들어오는 come into 신참 학생과 대화를 나눈다. "저는 한국에서 왔어요 come from" "앞으로 죽 함께 하세나 come along. 뒤 책장에 있는 책들 보이나? 나는 많은 책을 세상에 내놓았다네 come out" 이때 예쁜 아가씨가 목재 사우나 탕에서 밖으로 나온다 come out of !

phrases — come ❶

① come up
싹트다(bud), 다가오다, (떠)오르다
Plants and flowers are coming up early this year.
식물과 꽃이 금년에는 일찍 싹트고 있다.

② come up with
생각해내다
Can you come up with a way to reduce lecture time?
강의 시간을 줄일 방안을 생각해 낼 수 있나요?

③ come in
(안으로) 들어가다[오다], 시작하다
The train bound for Incheon is coming in now.
인천행 기차가 지금 들어오고 있다.

④ come into
… 안에 들어오다
Larry came into work early today to finish up some tasks.
래리는 몇가지 과제를 끝마치기 위해서 오늘 일찍 일하러 왔다.

⑤ come from
…의 출신이다, …에서 생기다
She comes from a family of doctors and lawyers.
그녀는 의사, 변호사 가문 출신이다.

⑥ come along
함께 가다, 동행하다
We couldn't figure out the problem until Steve came along to help us.
우리는 스티브가 우리를 돕기 위해 함께 하기까지는 그 문제를 이해할 수 없었다.

⑦ come out
나오다
Come out and play with us!
나와서 우리 같이 놀자!

⑧ come out of
…에서 밖으로 나오다
The angry child refused to come out of his room.
화난 소년은 방에서 나오기를 거부했다.

BONUS
come about	발생하다, 일어나다
come across	우연히 발견하다, 마주치다
come by	획득하다, 방문하다

4 유학의 꿈 강도 높은 공부

STORY

드디어 마음을 굳게 하여 공부의 고통을 뚫고 나간다 go through. 도서관에서 공부하는 학생들이 그를 보고 "저거 너무하는 거 go too far 아니야?" 하면서 혀를 내두른다. 한편 미모의 여학생을 본 여자는 뭐가 잘못되었는지 go wrong 화가 나서 책하고 지나간다. 공부에는 기회가 사라진 go by 학생은 멍하니 쳐다보고만 있다.

phrases — go ❷

① go through

겪다, 통과하다
The bus went through a long tunnel to get to the other side of the mountain.
그 버스는 긴 터널을 통과하여 산의 맞은편에 이르렀다.

② go too far

정도가 지나치다
He's always been quite crude, but this time he's gone too far.
그가 항상 꽤 무례하긴 했지만 이번에는 그 도를 넘었다.

③ go wrong

(일이) 잘 안 되다, 길을 잘못 들다
Luckily, nothing went wrong with Olga's performance during the piano recital.
운좋게도, 피아노 리사이틀 동안에 올가의 공연은 어느 것도 잘못된 게 없었다.

④ go by

(사람 · 시간 · 기회 등이) 지나가다
Time goes by fast when you're having fun.
당신이 즐길 때에 시간은 빨리 흘러간다.

5 유학의 꿈 **방황**

STORY

막상 도서관에서 공부하려니 밖으로 나가고 go out 싶은 생각이 간절하다. 때마침 여자친구는 멋진 자연속으로 소풍가는 go on a picnic 생각을 하면서 다가온다. 도서관 밖으로 나오니 go out of 이제는 영화를 보러 가는 go to the movies 것도 좋겠다는 생각이 든다.

phrases — go ❸

① go out
밖으로 나가다, 외출하다
The group of friends went out for the evening entertainment.
한 무리의 친구들이 저녁 여흥을 위해 밖으로 나갔다.

② go on a picnic
소풍을 가다
The lake is the best place to go on a picnic.
그 호수는 소풍 가기에 최고의 장소이다.

③ go out of
~에서 밖으로 나가다
When we go out of the apartment, we can play soccer in the playground.
아파트에서 밖으로 나가면, 운동장에서 축구할 수 있을 거야.

④ go to the movies
영화 보러 가다
The young couple goes to the movies at least once a week.
그 젊은 부부는 적어도 일주일에 한 번 영화보러 간다.

6 유학의 꿈 선배의 조언

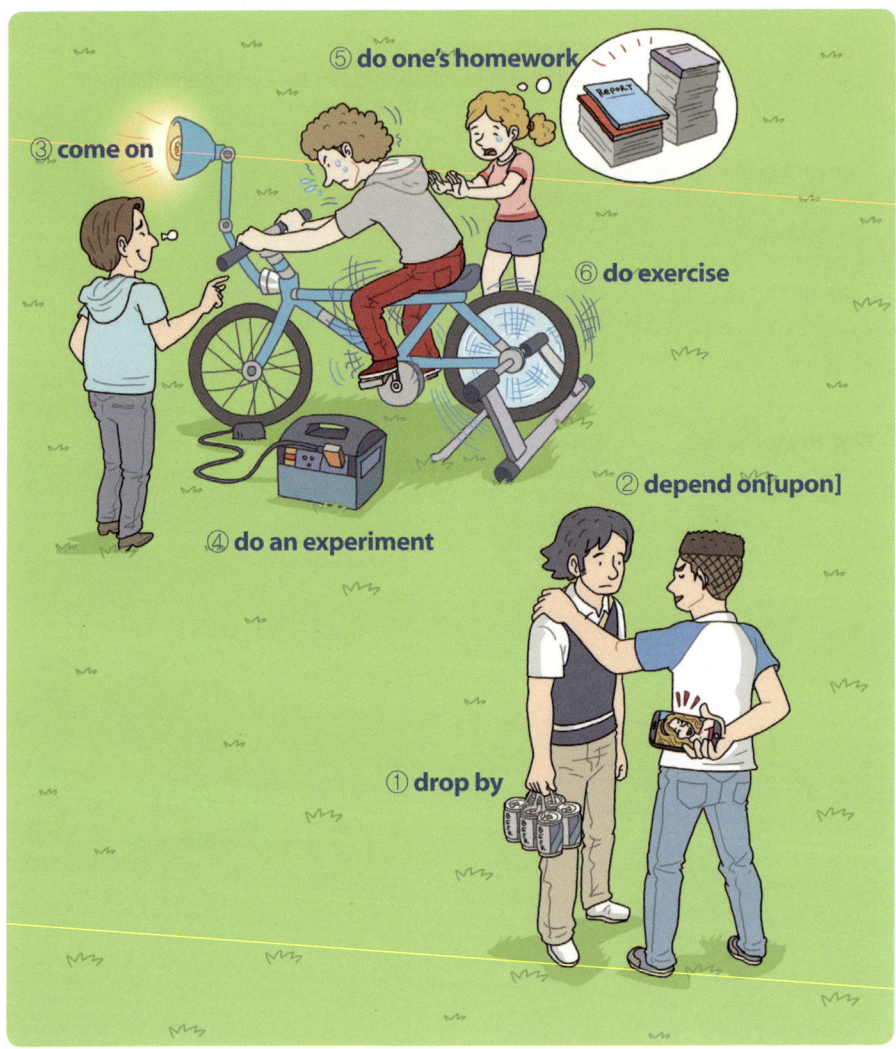

STORY

유학생활에서 선배의 경험을 살려 어려움을 극복하고자 선배에게 잠깐 들른다 drop by. 선배는 "나만 믿어 depend on[upon]"하며 격려해 준다. "자, 기운내 come on"하고 거든다. 이제 새로운 용기를 얻어 실험이든 뭐든 열심히 하려고 한다. 자전거 밧데리 실험을 한다 do an experiment. 여친은 집에서 숙제해야 do one's homework 하는데 하면서 걱정한다. 이제는 더욱 힘을 내서 페달을 밟으며 운동한다 do exercise.

phrases — do

① drop by
들르다
Jay dropped by this afternoon to see if we wanted to go shopping with him.
제이는 우리가 그와 함께 쇼핑가기 원하는지 알아보기 위해 오늘 오후에 들렀다.

② depend on[upon]
…에 의지[의존]하다
Children depend on their parents for everything.
아이들은 모든 것에서 자신의 부모에게 의존한다.

③ come on
자, 빨리, 제발, 기운을 내
Come on and get some food while it's still hot.
자, 힘내고 음식이 아직 따뜻할 때 좀 들어.

④ do an experiment
실험하다
The students did an experiment on mice in their science class.
그 학생들은 과학 수업에서 쥐로 실험을 하였다.

⑤ do one's homework
숙제를 하다
Dawn does her homework right after school everyday.
돈은 매일 방과 후 바로 자신의 숙제를 한다.

⑥ do exercise
운동을 하다
My grandfather does exercises every morning after he wakes up.
나의 할아버지는 매일 아침 기상 후에 운동을 하신다.

BONUS

drop ~ a line	~에게 편지를 쓰다
drop in	잠깐 방문하다
drop off	줄어들다, 죽다, 차에서 내려놓다
drop out	중퇴하다, 낙오하다
count for nothing	아무 쓸모가 없다, 보잘 것 없다
count in	끼워주다
count on	~을 믿다 depend on, rely on

7 유학의 꿈 **불굴의 의지**

STORY

공부는 치열한 경쟁의 단계이다. "공부할 필요가 없어 don't have to"라고 생각하는 학생들은 뒤처지게 되어있다. 한 단계 한 단계 온 정성을 몰두해야 devote oneself to ~ 성공할 수 있을 것이다. 아버지가 자신을 위해 땅을 파며 dig up 수고하는 것을 떠올리며, 계속하여 go on 올라간다. 이렇게 부단히 노력하다 보면 반드시 성적은 오르게 go up 될 것이다.

phrases　　go ❹

❶ don't have to
…할 필요가 없다
You don't have to watch this show if you don't want to.
당신이 원치 않으면 이 쇼를 볼 필요가 없어요.

❷ devote oneself to
…에 몰두[전념]하다
Shelly devoted herself to her music career.
쉘리는 자신의 음악 이력을 세우는데 몰두하였다.

❸ dig up
파내다, 캐내다
The paleontologists dug up new dinosaur bones.
고생물학자들은 새로운 공룡 뼈를 발굴했다.

❹ go on
계속되다, 계속해서 …하다
Carrie's neighbors went on playing loud music after she asked them to stop.
캐리의 이웃들은 그녀가 그만두라고 요청했는데도 시끄러운 음악을 계속 연주했다.

❺ go up
오르다, 올라가다
Little Sam's fever went up so his parents took him to the hospital.
어린 샘의 열이 올라가서 그 부모들은 그를 병원에 데리고 갔다.

8 유학의 꿈 학위 취득(꿈의 실현)

STORY

마침내 in the end 대학을 졸업하게 된다. 학교 실험의 끝에 at the end of, 혹은 숙제의 끝에 in the end of 이렇게 영광의 순간을 맞게 된 것이다. 우등생은 상을 받기 위해 단상에 이른다 come to~. 총장이 "꿈을 실현한 come true 것을 축하하네." 라고 축하해 준다. 이것은 마라톤 선수가 결승점까지 달음질을 끝마치는 come to an end 것처럼 영광스런 순간이다.

phrases — come ❷, end

❶ in the end
끝내, 마침내 = in the long run, after all
In the end, they chose to eat Greek food instead of Italian.
결국, 그들은 이탈리아 음식 대신에 그리스 음식을 먹기로 선택했다.

❷ at the end of
…의 끝에
At the end of the movie, the man and woman fall in love.
영화 끝에, 그 남녀는 사랑에 빠진다.

❸ in the end of
…의 끝 즈음에
In the end of the baseball season, there is a championship tournament.
야구시즌 끝 즈음에, 챔피언십 토너먼트가 있다.

❹ come to ~
…하게 되다/…에 이르다, ~이 되다
We came to realize that we were mistaken.
우리는 우리가 잘못되었다는 것을 알게 되었다.

❺ come true
실현되다, 사실이 되다
Sarah's dream came true when she finally got the chance to swim with dolphins.
사라의 꿈은 그녀가 마침내 돌고래와 수영할 기회를 갖게 되었을 때 실현되었다.

❻ come to an end
끝나다, 마치다
According to an old proverb, "All good things must come to an end."
옛 속담에 따르면, "모든 좋은 것은 끝나게 된다"라고 한다.

BONUS

on end	계속하여	continuously
put an end to	~을 끝내다	cause to an end
end in	결과 ~이 되다	result in
to no end	헛되이	in vain
make (both) ends meet	수지를 맞추다	

9 유학의 꿈 금의환향

STORY

공부를 마치고 나니 처음에 공부하러 온 목적이 무엇인지 떠올려 본다 remind A of B. '모국을 부강하게 하기 위해 할 일이 있을 거야' 하며 한국으로 돌아가기로 go back (to~) 했다고 친구에게 이야기한다. "그럼 언제 다시 미국에 돌아올 건데 come back (to~)"하고 아쉬워한다. 이제 비행기를 타고 고국으로 곧장 간다 go straight. 드디어 미국에서 고향집으로 이주해 온 come over 것이다.

phrases — come ❸, go ❺

① remind A of B
A에게 B를 떠올리게[생각나게] 하다
Dean reminds me of someone I once knew.
딘을 보니 내가 일전에 알았던 사람이 떠오른다.

② go back (to~)
(…로) 돌아가다
I went back to studying after dinner.
저녁 식후에 공부하러 되돌아갔다.

③ come back (to~)
(…로) 돌아오다
Wendy came back to get her phone that she left on the table.
웬디는 책상에 놓았던 전화를 가져가려고 돌아왔다.

④ go straight
곧장 가다
Go straight and turn right at the next intersection.
직진하시다가 다음 교차로에서 우회전 하세요.

⑤ come over (to)
(먼 거리를) 오다[가다]
Why don't you come over to Korea in the summer?
여름에 한국에 오지 그러니?

BONUS

go back on	(약속, 주장 따위를) 깨다, 철회하다	
go beyond	~을 능가하다	exceed
the straight and narrow	바른 생활	

Doctor VOCA

Funny Idiom

6. bury the hatchet

[의미]
무기를 거두다, 화해하다 make peace.

[어원]
이 이디엄은 직역하면 '손도끼를 파묻다'이다. 싸우던 상대와 화해를 하면 양쪽 모두의 전투용 도끼 hatchet을 같이 땅에 파묻던 북아메리카 인디언의 관습에서 비롯된 말이라고 한다. 그래서 이 표현은 '화해하다'라는 의미로 쓰인다.

[예문]
I don't wanna argue with you anymore. Let's bury the hatchet, okay?
나는 더 이상 너와 다투기를 원치 않아. 우리 서로 화해하자, 알았지?

VI 결혼 행진곡

1. 사랑 고백

2. 결혼식장

3. 허니문 카

4. 호텔방에서

5. 미지의 섬

6. 마이 웨이 My Way

1 결혼 행진곡 **사랑 고백**

STORY

앞으로 6장의 그림을 통해 한 남자와 여자가 만나 결혼하는 내용으로 여러 숙어를 소개하려고 한다. 여기는 직원들이 사무실에서 음식을 주문하여 나누어 먹는 장면이다. 두 남자 동료들이 어깨동무하며 협력한다 cooperate with. 남자 직원 하나가 음식을 세어서 나누어 준다 share A with B. 다른 남자도 음식을 조화롭게 in harmony with 두 여직원의 접시에 놓아준다. 이 두 여직원은 음식을 나누는 남자 직원에게 동의한다 agree with. 한편, 예쁜 빨강머리 여친에게 선물을 주며 provide A with B 구애하는 남자 직원이 있다.

| phrases | ~ with |

❶ cooperate with
…와 협력하다
They agreed to cooperate with each other.
그들은 서로 협력하기로 동의하였다.

❷ share A with B
A를 B와 나누다[함께 하다]
He shared the pizza with his friends.
그는 피자를 친구들과 나누어 먹었다.

❸ in harmony with
…와 조화를 이루어 = in line(agreement) with ~과 일치하여
We have learned ways to live in harmony with our environment.
우리는 우리의 환경과 조화를 이루며 사는 방법들을 배워왔다.

❹ agree with
…에(게) 동의하다, …와 (의견이) 일치하다
I am sorry, but I don't agree with you.
미안합니다만, 저는 당신에게 동의하지는 않습니다.

❺ provide A with B
A에게 B(사물)를 공급[제공]하다 cf. provide for(against) 대비하다
Metacognitive functions provide one with autonomy or control of one's own intellectual capacity. (Forbes)
메타인지 기능은 자율성을 주고 자신의 지적 능력을 통제하도록 해준다. (포브스)

2 결혼 행진곡 **결혼식장**

④ get back
③ get along (with)
② get ready to [for]
⑤ get rid of
① get married (to)
⑥ get together
⑦ get a bad grade

STORY

이들 두 사람이 드디어 결혼한다 get married to. 사회자가 "결혼식 준비가 되었으니 get ready to, 모두 자리에 앉으세요"하고 말한다. 주례자는 "앞으로 내내 두 사람 서로 잘 지내기 get along with 바랍니다. 신랑은 잘못하면 신부에게 돌려받을 수 get back 있으니 몸조심하고.."하며 주례사를 하고 있다. 하객 중 하나는 "쓸데없는 순서는 제거하지 get rid of"하며 불평을 늘어놓는다. 이 결혼식에 많은 하객들이 모인다 get together. 신부를 좋아했던 남자는 "이 결혼식 100점 만점에 10점이야"하며 결혼식에 나쁜 점수를 주며 get a bad grade 트집을 잡는다.

phrases — get ❶

❶ get married (to 사람)
(…와) 결혼하다 = marry
Tommy got married to Emma.
토미는 엠마와 결혼하였다.

❷ get ready to [for]
…할 준비가 되다, 기꺼이 …하다
Get ready to brush up on your math skills. (to improve your knowledge of something already learned but partly forgotten)
당신의 수학 기술을 다시 연마하도록 준비해.

❸ get along (with)
(~와) 잘 지내다
I hope he will get along with his classmates.
나는 그가 친구들과 잘 지내기를 바래.

❹ get back
돌아오다[가다], 되돌려 받다
I will get back to you as soon as possible.
가능한 한 빨리 너에게 돌아갈게.

❺ get rid of
없애다, 제거하다 = dispose of
There are many other ways to get rid of waste which are environmentally friendly.
환경친화적인 쓰레기를 제거하는 여러 방법들이 있다.

❻ get together
모이다
Can we get together next week for a game?
게임하러 다음 주에 모일까?

❼ get a good[bad] grade
좋은[나쁜] 점수를 받다
If you follow my suggestions, you will get a good grade on the next exam.
당신이 나의 제안을 따른다면, 다음 시험에서 좋은 성적을 받게 될 것이다.

결혼 행진곡

3 결혼 행진곡 **허니문 카**

STORY

결혼식을 마치고 신혼여행을 가기 위해 먼저 신부가 허니문 카에 탄다 get in. 이때 난데없이 강아지가 차에서 튀어 나온다 get out of. 이 차는 공항에 도착하게 될 get to 예정이다. 웨딩홀 앞에는 마을버스가 다닌다. 버스 안에 손님이 타고 get on, 내린다 get off. 신부를 좋아했던 그 남자는 공연히 화를 낸다 get angry.

phrases — get ❷

❶ get in — (승용차처럼 작은 것을) 타다
We got in the taxi to go to the airport.
우리는 공항에 가기 위해 택시를 탔다.

❷ get out of — ~에서 나오[가]다, ~에서 내리다
He helped a disabled person to get out of the taxi.
그는 장애인이 택시에서 내리는 것을 도와주었다.

❸ get to — …에 도착하다/…하게 되다
The married couple want to get to the airport in time.
그 결혼한 부부는 공항에 제시간에 도착하기를 원한다.

❹ get on — (탈것에) 타다
Where can I get on the airport bus?
공항버스를 어디에서 타야 하나요?

❺ get off — (탈것에서) 내리다
What subway station should I get off at?
내가 어느 지하철 역에서 내려야 하지요?

❻ get angry — 화를 내다
He got angry with her for her action.
그는 그녀의 행동을 보고 그녀에게 화를 냈다.

BONUS

get on with	~을 계속하다
get somewhere	약간 진전을 보다
get the boot	해고되다
get through	끝마치다 finish
get(become) worse	악화되다

4 결혼 행진곡 **호텔방에서**

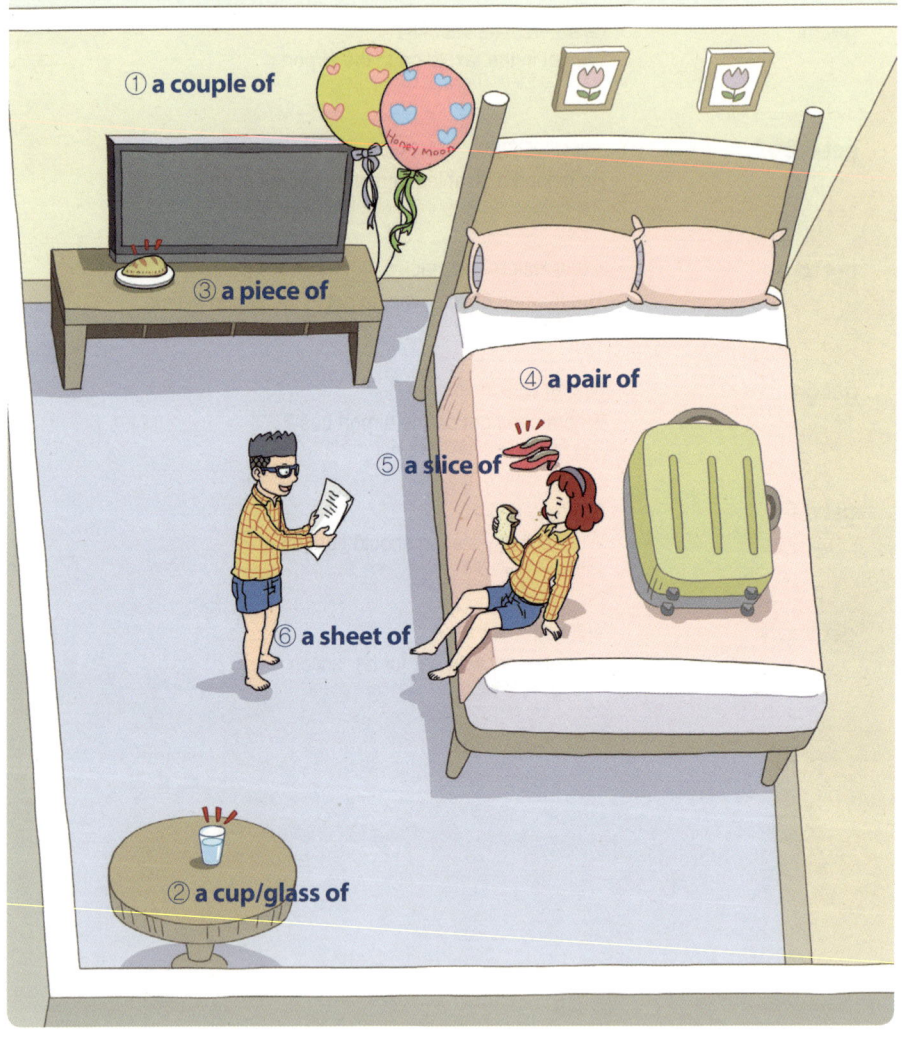

STORY

여기는 신혼부부 호텔 방이다. 멋진 커플을 a couple of 위해 예비된 아담한 곳이다. 앞의 탁자에는 한 잔의 a cup of 물이 담긴 컵이 놓여있다. TV 앞에는 한 조각의 a piece of 파이가 담긴 접시가 있다. 신부는 빨간구두를 한 켤레 a pair of 벗어놓고 침대에 털썩 앉는다. 배고픈지 한 조각 a slice of 빵도 입에 물고 있다. 신랑은 신부에게 미리 준비한 종이 한 장을 a sheet of 꺼내서 사랑고백을 한다.

phrases	a ~of

❶ a couple of
둘의, 두셋의
He was in Tokyo for a couple of years.
그는 2,3년 동안 도쿄에 있었다.

❷ a cup/glass of
한 컵/잔의
I feel like a cup of fresh water.
나는 신선한 물을 마시고 싶다.

❸ a piece of
한 조각의, 한 개의
I'd like to have a piece of cake.
케잌 한 조각 먹고 싶어.

❹ a pair of
(같은 것 2개로 된) 한 쌍[켤레]의
She bought a pair of sneakers for her son.
그녀는 아들을 위해서 스포츠 신발 한 켤레를 샀다.

❺ a slice of
얇게 썬 한 조각
I only ate a slice of bread yesterday.
나는 어제 빵 한 조각 밖에 먹지 못했어.

❻ a sheet of
한 장의 …
A clean sheet of paper is lying in front of you, and you have to fill it up.
깨끗한 종이 한 장이 여러분 앞에 놓여있고 여러분은 그것을 채워야 한다.

5 결혼 행진곡 **미지의 섬**

> **STORY**
>
> 이제 이들 부부는 멋진 해변에서 둘이 함께 along with 벤치에 앉아 자연을 즐긴다. 신랑은 무엇인가 보이는 in sight 곳으로 가자고 한다. 한참 가다보니 사람이 보이지 않는 out of sight 곳에서 헤매게 되었다. 길을 잃어버린 get lost 것이었다. 어둑해질 무렵 다른 부부가 플래시를 들고 다가오는 것을 보자 at the sight of 크게 안도의 숨을 내쉰다. 상대편 신부가 예뻐보이자 남편은 서로들 친하게 사귀자고 make friends with 한다.

phrases — sight

① along with
…와 함께, ~에 더하여
He accomplished the project along with his associates.
그는 동료들과 함께 그 프로젝트를 완수했다.

② in sight
보이는 (곳에)
There is no end in sight to the present crisis.
현재 위기 상황의 끝이 보이지 않는다.

③ out of sight
안 보이는 (곳에)
Out of sight, out of mind.
눈에서 멀어지면, 마음도 멀어진다.

④ be (get) lost
길을 잃다
Tourists often get lost and stray into dangerous areas.
관광객들은 종종 길을 잃고 위험지역으로 벗어난다.

⑤ at the sight of
…을 보자[보고]
His heart leaped at the sight of her.
그의 심장이 그녀를 보자 뛰었다.

⑥ make friends (with)
(~와) 친해지다, 사귀다 cf. be friendly with ~와 사이가 좋다
I'd like to make friends with all of you here.
저는 여러분 모두와 사귀고 싶습니다.

6 결혼 행진곡 **마이 웨이 My Way**

STORY

이들 커플들이 목적지로 가는 중에 on one's way to 분위기가 심상치 않다. 뚱보 아저씨는 줄곧 내내 all the way 마이 웨이 (My Way) 노래를 부른다. 남편이 상대편 신부에게 먼저 말을 건다. "그런데 by the way, 우리는 서로 맞는 부분이 많은 거 같네요." 그러자 "네, 여러 면에서 in many ways 그런 거 같지요." 신부는 "전혀 아니거든요 no way"라고 말하며 화를 낸다. 이렇게 다투기 시작하여 서로 다른 길로 돌아간다. 신랑은 이쪽으로 this way, 신부는 저쪽으로 that way. 신부가 탄 버스가 어디를 경유해서 by way of 가는지 보여주는 이정표가 길가에 세워져 있다.

phrases — way

❶ on one's[the] way (to ~)
(…로 가는) 도중에
I am on my way to the bank.
은행에 가는 길이야.

❷ all the way
내내[줄곧], 줄곧 내내
It's nice of you to drive all the way to the airport.
공항까지 내내 태워주니 정말 훌륭하십니다.

❸ by the way
그런데
By the way, are you still working with him?
그런데, 너는 아직도 그와 함께 일하니?

❹ in many/some ways
여러/몇 가지 면에서
Nature is important to human beings in many ways.
자연은 여러 면에서 인간에게 중요하다.

❺ no way
조금도 … 않다, (요구·제안에 대해) 싫다
The general could find no way to win the war.
그 장군은 전쟁에서 이길 방안을 찾을 수 없었다.

The disobedient boy said, "No way!"
말을 듣지 않는 소년이 말했다. "안돼요!"

❻ this way
이런 식으로, 이쪽으로
I'm not happy with this way of working.
나는 이런 작업 방식이 마음에 들지 않는다.

❼ that way
그런 식으로, 저쪽으로
I'm really sorry you feel that way.
네가 그렇게 느낀다니 진짜 미안하다.

❽ by way of
…로써(수단·방법), ~을 지나서 [경유하여]
Timetable for Connections from Tokyo to Kusatsu Hot Springs by way of Karuizawa.
도쿄에서 카루이자와를 경유하여 쿠사츠 온천으로 연결되는 시간표.

BONUS

find one's way	애써 나아가다, 도달하다	give way	물러서다, 무너지다 = retreat, break down
make one's way	나아가다, 성공하다		
have (get) one's own way	마음대로 하다	have a way with	~을 잘 다루다
be[get] in the way	방해가 되다	lead the way	안내하다, 솔선하다 = guide

결혼 행진곡

Funny Idiom

7. break a leg

[의미]
행운(성공)을 빌다. Good luck.

[어원]
문자적으로 보면 '다리나 부러져 버려라'라는 말이다. 오래 전에, 배우들 사이에서는, 한 배우에게 '행운'을 빌어 주다는 것이 실제로는 그에게 불행을 가져온다는 미신이 있었다. 그래서, 행운을 가져올 수 있도록 하기 위해서 사람들은 역으로 어떤 불행한 일이 일어나기를 바라는 표현을 하게 되었다. 다리가 부러지는 것은 실제로는 매우 불행한 일이므로, 배우들은 공연에 앞서 서로에게 "성공을 빈다"라고 말했다.

[예문]
"Break a leg!" shouted the stage manager to the heroine.
"힘내!" 무대감독은 여주인공에게 소리쳤다.

VII 커피프린스 (삶의 계획)

1. 커피샵
2. 커피샵 인수 계획
3. 새로운 출발

1 커피프린스 **커피샵**

STORY

여기는 커피숍이다. 서로 닮은 take after 두 자매가 엄마와 같이 앉아 있다. 프론트 앞에서는 한 남자가 화를 낸다. 이전에 섭취한 take in 커피의 실제 양이 너무 적은 것을 보고 속인 take in 것에 불만이었나 보다. 그는 비용을 취소하고 환불해 달라고 하며 take back, 옷을 벗는다 take off. 벗은 옷에는 이륙하는 take off 비행기 무늬가 그려져 있다. 한편 옆에서는 아저씨가 커피가 테이크 아웃 take out 되느냐고 묻는다.

phrases — take ❶

❶ take after
~를 닮다
Anna is really pretty. She takes after her mother.
안나는 매우 예쁘다. 그녀는 그녀의 어머니를 닮았다.

❷ take in
섭취하다, 속이다
Fish take in oxygen through their gills.
물고기는 아가미를 통해 산소를 흡입한다.
Don't be taken in by her charm.
그녀의 매력에 현혹되지 마라.

❸ take back
취소하다, 반품하다, 다시 받아들이다
I take back what I said.
제가 말한 것을 취소하겠습니다.

❹ take off
벗다, 제거하다, 이륙하다
Take off your clothes and make yourself at home.
옷을 벗고 편히 쉬세요.

❺ take down
기록하다, ~을 내리다
Johnson, my secretary, took down the minutes of the meeting.
나의 비서 존슨이 회의록을 기록했다.

❻ take out
꺼내다, 데리고 가다
Two hamburgers to take out.
갖고 갈 햄버거 두 개

BONUS

take a bus / subway / train	버스/지하철/기차를 타다	take part in	참가하다
take a picture	사진을 찍다	take pride in	자부심을 가지다
take an exam	시험을 보다	take an order	주문받다
take a trip (to)	(~에) 여행하다	place an order	주문하다

커피 프린스

2 커피프린스 **커피샵 인수 계획**

STORY

장사가 잘 되지 않는 커피점을 인수해서 새롭게 시작하는 것이 어떤지 사람들이 요청한다. "용기 내서 have the 명사 to 해봐". 그러자, 주인공이 "나와 상관없는 have nothing to do with 일이에요"하며 답한다. 할머니도 "선택의 여지가 없어 have no choice but to"하고 촉구한다. "어려움이 있어요 have difficulty in"하고 동정하는 친구도 있다. 결국 커피프린스 점을 떠맡기로 take on 한다. 인수하는 take over 계약서를 전달받는다. 간판을 새로 갈면서 커피숍 개장일에 착수한다 take up.

phrases — take ❷, have

❶ have the 추상명사 + to 원형
~할 정도로 …하다
One should have the courage to speak out one's beliefs.
사람은 그의 소신을 거침없이 말할 용기를 갖지 않으면 안된다.

❷ have nothing /something /a lot to do with
~와 관련이 없다 [있다/많다]
Willpower and strength of character have nothing to do with overcoming alcoholism.
의지력과 강인한 성격도 알코올 중독을 극복하는 것과는 무관하다.

❸ have no choice (but to)
~하지 않을 수 없다
Thus, we have no choice but to decline your proposal.
따라서, 당신의 제안을 거절하지 않을 수 없습니다.

❹ have (no) difficulty /trouble (in)
~하는데 어려움이 있다(없다)
The refugees will have difficulty in adapting to an alien culture.
그 난민들은 외국의 문화에 적응하는 데 어려움이 있을 것이다.

❺ take on
떠맡다
I can take on a second job.
나는 부업을 가질 수 있어요.

❻ take over
인수하다
I was assigned to take over the position of General Manager for South America.
나는 남아메리카 담당 부장직을 맡게 되었습니다.

❼ take up
착수하다
He has a lot of free time lately and has decided to take up golf.
그는 최근에 많은 시간이 생겨서 골프를 치기로 결정했다.

BONUS

have a good time	좋은 시간을 갖다	have fun	즐겁게 놀다
have a mind to ~	~할 마음이 들다	have respect for	~을 존경하다
have an effect on	~에 영향을 미치다	have responsibility for	~에 책임이 있다

3 커피프린스 **새로운 출발**

STORY

인수한 커피숍이 문제투성이다. 놈팽이가 전화질하면서 시간 때우고 kill time 있다. 막대에 링 거는 놀이를 하면서 신나게 놀기도 한다. "한번에 at a time 하나 넣어야지", "나는 동시에 at the same time 넣을 수도 있지" 막대를 잡고 있는 녀석은 "처음으로 for the first time 하는 일인디" 하면서 막대를 잡고 있다. 그런데 이렇게 놀고 있을 즈음에 by the time 사장이 등장한다. "니들은 내가 올 때마다 놀고 있냐? 너는 지난 번에 last time 그러더니 지금도 그러냐?"하고 한 녀석을 다그친다. 그러자, "저, 그때는 at that time 요, 사정이 있었거든요."하며 구차하게 변명한다.

phrases — time

① kill time
(빈둥거리며) 시간을 보내다
What do you do to kill time on weekend?
주말에 어떻게 시간을 보내십니까?

② at a time
한 번에
Let's do one thing at a time.
한 번에 한 가지 일만 합시다.

③ at the same time
동시에
There's always room for negotiation. But at the same time, there are limitations.
협상의 여지는 언제나 있습니다만 그와 동시에 한계도 있지요.

④ for the first time
처음으로
Mr. Park took a trip abroad for the first time.
Mr. 박은 처음으로 해외 여행을 했다.

⑤ by the time (that)
…할 즈음
By the time he reached adulthood, he could fulfill any desire.
그가 성인이 될 즈음에는 어떤 욕망이든 충족시킬 수 있었다.

⑥ last time
지난 번에
Where did we stop last time?
지난 번에 어디까지 했지요?

⑦ at that time
그때, 그 당시에
No matter how angry you were, you should not have quarreled with her at that time.
네가 아무리 화가 났었더라도, 그 당시에 너는 그녀와 다투지 말았어야 했다.

커피 프린스 | 143

Funny Idiom

8. rain cats and dogs

[의미]
억수같이 비가 오다

[어원]
15세기 유럽의 농부들은 바람에 견딜만한 집 안에서 지낼 수 있었다. 그러나, 애완동물들을 집안에 들이지 않았다. 그래서 불쌍한 동물들은 비가 올 때 지붕 등에 피하곤 했다. 그러나 폭우가 내려 지붕까지 넘치거나 하면 이 동물들은 씻겨 내려가거나, 더 좋은 장소를 찾아 뛰어다녀야 했다. 심하게는 폭우로 죽은 시체들이 도처에 널려있기까지 했다고 한다. 그런데 이 이디엄의 어원에 대해서는 의견이 분분하고 과장된 것도 많다.

[예문]
It's going to rain cats and dogs.
폭우가 쏟아지려 한다.

VIII 시간

1. Time

2. Day

3. Day/Night

4. 숲속에서 ❶

5. 숲속에서 ❷

1 시간 Time 숙어

과거
① once upon a time
② a long time ago

지속시간
③ all the time ─────────────────────────
④ for a long time ──────────────────
⑤ for some time ──────

빈도
⑥ from time to time   ─ ─ ─ ─ ─ ─
⑦ many times   ─ ─ ─ ─ ─ ─ ─ ─ ─ ─ ─

STORY

시간에 관련된 숙어는 도표로 이해하는 것이 좋다. 동화책 맨처음에 나오듯이 '옛날에' 하면 once upon a time 이나 a long time ago 라고 하면 된다. 시간 길이에 따라서 보면 '언제나, 항상'은 all the time, '오랫동안'은 for a long time, '한동안'은 for some time 이라고 하면 된다. '때때로, 가끔'은 from time to time, '여러 번'은 many times 라고 한다.

phrases — time

❶ once upon a time / a long time ago

옛날에
오래전에, 옛날에
Once upon a time, the animals organized a school.
옛날에 동물들이 학교를 세웠다.
A long time ago, being overweight used to mean being rich, having a lot to eat.
오래전에는 비만이 부유하고, 먹을 것이 많다는 것을 의미하곤 했다.

❷ all the time

언제나, 항상, 내내
She didn't want to stay home with children all the time.
그녀는 아이들과 내내 집에 머물러 있기를 원하지 않았다.

❸ for a long time

오랫동안
I haven't seen my uncle for a long time.
나는 아저씨를 오랫동안 만나지 못했다.

❹ for some time

한동안
I want to be with you for some time.
얼마동안 당신과 있고 싶다.

❺ from time to time

때때로, 가끔
I go to the amusement park with my family from time to time.
나는 때때로 가족과 함께 놀이 공원에 간다.

❻ many times

여러 번
How many times do I have to tell you before you understand?
몇 번을 말해야 알아듣겠어?

BONUS

in no time	즉시 very quickly, without delay
lose no time in ~ing	곧 ~하다
make (good) time	서둘러 가다, 빠르다
take one's time	서두르지 않다
behind time	시간에 늦은 late
behind the times	시대에 뒤떨어진 out of date
for the time being	당분간 for the present

2 시간 Day 숙어

	과거	현재	미래
①	in the past		in the future
②	one day		some day, one day
③	the next day the other day		
④	in those days	these days	
⑤		day after day	

STORY

이번에는 주로 day(날)에 관한 숙어들을 배우도록 하자. '과거에'는 in the past, '미래에'는 in the future 이다. 과거나 미래의 '어느 날'은 one day, 미래의 '어느 날'은 some day가 된다. '일전에'는 the other day, '그 다음날'은 the next day이다. 여러 날이 모인 표현 중에 '요즈음'은 these days, '그 당시에'는 in those days 이며 '날마다'는 day after day 이다.

phrases	day

❶ in the past
in the future

과거에
미래에
Forget the former things that happened in the past.
과거에 일어났던 이전 일은 잊어버려라.

His parents want him to be a respectable professor in the future.
그의 부모님들은 그가 장차 존경받는 교수가 되기를 바란다.

❷ one day
some day

어느 날 (과거, 미래)
어느 날 (미래)
One day a truck hit a pedestrian on the street.
어느 날 트럭이 거리에서 보행자를 치었다.

I'd like to go to Mexico some day.
나는 언젠가 멕시코에 가고 싶다.

❸ the next day
the other day

그 다음날
일전에
Every time I wash my car, it rains the next day.
내가 세차 할 때마다, 그 다음날 비가 온다.

My father bought me a notebook for my birthday present the other day.
아버지가 일전에 생일 선물로 노트를 사주셨다.

❹ these days
in those days

요즈음
그 당시에
I've been putting on weight these days.
나는 요즈음 살찌고 있다.

In those days recording sound was not technically possible.
그 당시에는 소리를 녹음하는 것이 기술적으로 가능하지 않았다.

❺ day after day

날마다
She hates doing the same work day after day.
그녀는 매일같이 똑같은 일을 하는 것을 싫어한다.

3 시간 Day / Night 숙어

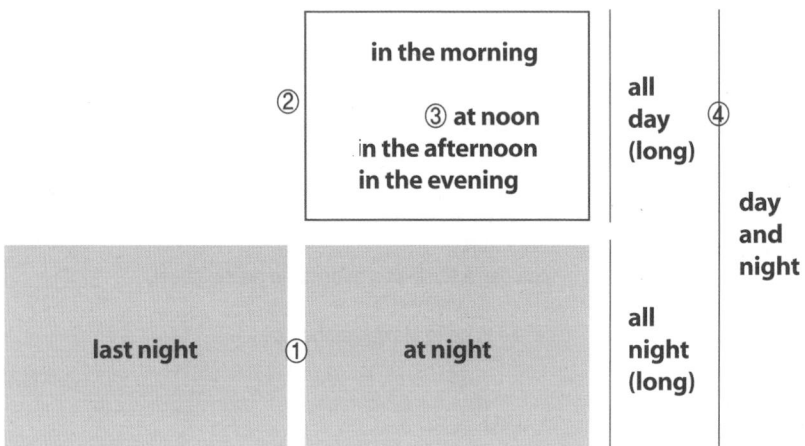

STORY

day와 대조적인 개념이 night이다. night과 관련된 숙어를 보자. '지난 밤' last night '밤에' at night '밤새' all night 등이다. 하루의 시간을 구분하는 숙어로는 다음과 같다. '아침에' in the morning '오후에' in the afternoon '저녁에' in the evening '정오에' at noon. 그리고 끊임없이 지속되는 시간 숙어로 '하루종일' all day long '밤낮으로' day and night은 생활영어에서 자주 활용되는 표현들이다.

phrases — day / nignt

❶ last night
at night
all night

지난 밤
밤에
밤새

Last night I had a nightmare.
어젯밤에 악몽을 꾸었다.

I am working during the day and studying at night.
저는 주경야독하고 있습니다.

I used to stay up all night for studying.
나는 밤새 공부하곤 했다.

❷ in the morning
in the afternoon
in the evening

아침에
오후에
저녁에

Please wake me up at 6 o'clock in the morning.
아침 6시에 깨워주세요.

I am free at 3 in the afternoon.
오후 3시에 한가해요.

I seldom have coffee in the evening.
저녁에는 커피를 거의 안 마셔요.

❸ at noon

정오에

In school, we have lunch at noon.
학교에서 우리는 정오에 점심식사를 한다.

❹ all day long
day and night

하루종일
밤낮으로

They surfed the internet all day long.
그들은 하루종일 인터넷 서핑을 했다.

All the employees worked day and night to save the faltering company.
전 직원이 휘청거리는 회사를 살리기 위해 불철주야로 일했다.

BONUS

out of date   구식의   old-fashioned
up to date   최신식의   modern

시간 | 151

4 시간 숲속에서 ①

STORY

숲속에 놀러가서 생긴 일이다. 팀을 인도하던 팀장이 아파서 새롭게 정비해야 할 필요가 생겼다. 그러자 한 친구가 "무엇보다 first of all 먼저 팀장을 뽑읍시다."라고 제안한다. 서로들 의견을 낸다. "잠시동안 for a minute 회의합시다." 잠시 후 after a while 뚱보가 팀장으로 선발된다. 뚱보가 처음에는 at first 약간 당황한다. 팀장으로 뽑자마자 as soon as 서로 힘든 일을 다 시키려 한다. "지금 당장 right now 먹을 것 찾아.", "지금부터 죽 from now on 뚱보 네가 우리 책임져" 하고 밀어부친다.

phrases 시간숙어

① first of all
무엇보다도, 제일 먼저
First of all, it's important to keep healthy.
무엇보다도, 건강을 유지하는 것이 중요하다.

② for a minute/second /moment/while
잠시 동안
May I talk to you for a minute?
잠깐 얘기해도 될까요?

③ after a while
잠시 후에, 곧
After a while we turned off the computer and went for a walk.
잠시 후에 컴퓨터를 끄고, 산책하러 나갔다.

④ at first
처음에
At first you'll feel out of place.
처음에는 서먹서먹하게 느끼실 겁니다.

⑤ as soon as
…하자마자
Most of us want to get promoted as soon as possible.
우리들 대부분은 가능한 빨리 승진하고 싶어한다.

⑥ right now
지금 바로[당장]
He's on another phone right now.
그는 지금 다른 전화를 받고 계십니다.

⑦ from now on
지금부터 계속
'Better late than never.' I'll do something from now on.
늦었다고 생각될 때가 가장 빠른 때다. 이제부터라도 뭔가를 해야겠다.

BONUS 1
every once in a while 가끔 from time to time
once in a while 가끔, 이따금 sometimes

BONUS 2
in a little while 곧 soon
to the minute 1분도 어김없이, 꼭, 정각에
up to the minute 최신식의, 최첨단의

5 시간 숲속에서 ❷

① at once
② as usual
③ again and again
④ sooner or later
⑤ be over
⑥ at last

STORY

즉시 at once 똥보 팀장은 그 몸으로 야자수에 올라가 열매를 딴다. 여자 친구는 "똥보는 여느 때처럼 as usual 뭐든 잘해"하며 칭찬한다. 다른 친구들도 되풀이하며 again and again 칭찬을 늘어 놓는다. 한동안 시간이 흐르자 배고파졌다. "밥은 언제 되는 거야" "조만간 sooner or later 똥보가 해 줄 거야" 그런데 밥을 하려고 하는데 성냥이 없는 것이다. 똥보는 오랫동안 나무를 부벼서 불을 피우려 한다. 기다리던 녀석은 "야, 끝났네 be over"하며 좋아한다. 불을 피우던 똥보가 드디어 at last 불을 붙인 것이다.

phrases — 시간숙어

❶ at once
갑자기, 한꺼번에[동시에] = all at once, all of a sudden
Tell him to come here at once.
그가 곧 이곳에 오도록 말해 주세요.

❷ as usual
여느 때처럼, 평소와 같이
As usual the peasants are busy harvesting crops.
언제나처럼 농부들은 수확하느라 바쁘다.

❸ again and again
되풀이해서
Early in the fall, a fox jumped at the grapes. He jumped again and again, but in vain.
이른 가을날, 여우는 포도를 보고 펄쩍 뛰었다. 계속해서 뛰었지만, 허사였다.

❹ sooner or later
머잖아, 조만간 cf. in a second[minute] 곧, 순식간에
Your mother will get here sooner or later.
너의 어머니가 조만간에 여기에 올거야.

❺ be over
끝나다
What time will the movie be over?
그 영화는 몇 시에 끝납니까?

❻ at last
마침내, 드디어
At last you have succeeded!
너 드디어 성공했구나!

BONUS

be the last person to do	~할 사람이 절대 아니다
last but least	마지막이지만 못지않게 중요한

PART II
비교 숙어

Funny Idiom

9. go[be] on the wagon

[의미]
금주 중인

[어원]
이것은 20세기 전후 미국에서 만들어진 말이다. 물을 싣고 다니던 마차가 있었는데, 더운 여름에 먼지가 나는 길에 시원하게 물을 뿌려 주곤 했다. 그렇지만, 이 마차는 당시 만연하던 술집이 더 이상 확산되지 않고 그 수를 줄이고, 금주를 계몽하는 홍보용 마차였던 것이다. 술을 끊음으로써 가정 폭력을 예방할 수 있다고 홍보하고 다녔다. 주정뱅이 술꾼들이 마차를 타고 금주 선언을 했으므로 on the wagon은 '금주하다'는 의미가 되었다. 다시 술을 마시기 시작하면 마차에서 내려왔다는 'off the wagon'으로 표현하게 되었다.

[예문]
I'm on the wagon now.
나는 금주 중이야.

Ⅰ 유사 숙어

1. 동사형 유사숙어

2. 명사형 유사숙어

3. 기타 유사숙어

1 슈퍼스타 선발

STORY

슈퍼스타가 되길 원하는 K씨는 음악을 전공한 major in 전문가이다. 그러나, 사기꾼에 속아 그동안 저축한 put aside 모든 돈을 잃어버리고 만다. 상실감에 빠져 자살하는 commit suicide 생각까지 들었다. 가족들은 경제적으로 모든 혜택없이 지내야 하는 dispense with 어려움에 직면한다. 이때, 슈퍼스타 헌터 왕사장이 등장한다. K씨에게, "자네를 보니 내가 돕지 않을 수가 없구만 cannot but "하며 매니저를 자청한다.

phrases 동사형 1

❶ major in / specialize in

전공하다
I'm majoring in Chinese Literature.
나는 중국 문학을 전공하고 있습니다.
What do you specialize in?
여기서 잘하는 게 뭐죠?

❷ put aside / set aside / lay aside

저축하다, 비축하다
My brothers put aside some money for mom's birthday present.
나의 형제들은 엄마의 생신 선물을 위해 돈을 저축해 두었다.
Set aside ten minutes a day to recall positive things and success you have achieved.
하루에 10분을 긍정적인 것과 여러분이 성취한 성공을 회상하는데 할당해 보아라.
A financial advisor can help you lay money aside for your old age.
재정 자문가가 당신이 노년을 위해 돈을 따로 떼어놓는 데 도움을 줄 수 있다.

❸ commit suicide / kill oneself

자살하다
The famous poet committed suicide.
그 유명한 시인은 자살했다.
He killed himself.
그는 자살했다.

❹ dispense with / go without / do without

없이 지내다
Let's dispense with the formalities.
형식적인 것들은 없애도록 합시다.
I guess I can't go without alcohol even for a day.
술 없이는 단 하루도 못살 것 같아요.

❺ cannot but / can't help doing / can't help but

~ 하지 않을 수 없다
I cannot (do anything) but laugh.
I can't help laughing. = I can't avoid laughing.
I can't help but laugh.
나는 웃지 않을 수 없다.

2 슈퍼스타 콘테스트

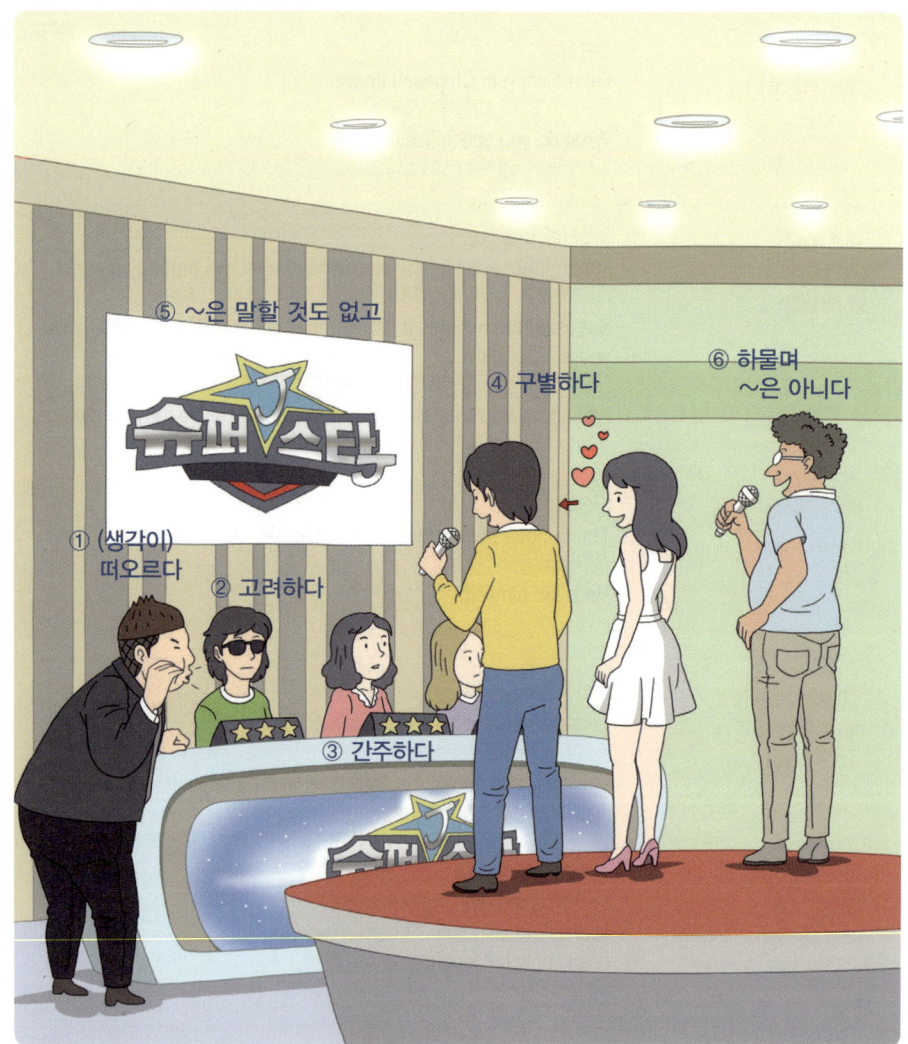

STORY

여기는 슈퍼스타 경연장이다. 왕사장은 심사관에게 "저 친구 발견하고 사업에 좋은 아이디어가 떠오르지 occur to 않는가?" 하며 속삭인다. 심사관은 "한번 고려해 take into consideration 보자구"하며 대꾸한다. 옆의 심사관은 남녀 출연자가 훌륭한 재능을 갖추었다고 간주한다 regard A as B. 남자와 여자 출연자가 실력이 비슷해서 구분하는데 distinguish A from B 어려울 것 같다. 슈퍼스타 경연에는 노래는 말할 것도 없고 춤도 잘 추어야 한다 let alone. 다소 어설프게 보이는 출연자는 말을 어눌하게 한다. 하물며 노래와 춤은 더 형편이 없다 much less.

phrases — 동사형 2

① occur to / hit on[upon]

(생각 등이) 떠오르다
A good idea has occurred to me. 좋은 생각이 떠올랐다.
I hit upon a good idea. 좋은 생각이 떠올랐다.

② take into consideration / take into account / take account of / make allowances for

~을 고려하다
There are so many factors that have to be taken into consideration.
고려해야 할 요인들이 매우 많습니다.

Please take into account that he is just a child.
그는 단지 어린아이라는 것을 고려해 주세요.

I will take account of your opinion.
당신의 의견을 참작하겠습니다.

③ regard A as B / consider A as B / think A as B / look upon A as B

A를 B로 여기다, 간주하다
He regards me as his best friend.
그는 나를 가장 좋은 친구라고 생각한다.

Don't think of me as a coward.
나를 겁쟁이라고 생각하지 마세요.

I strongly believe that one should look upon life as an adventure.
나는 우리가 인생을 모험으로 여겨야 한다고 강하게 믿는다.

④ distinguish A from B / tell A from B / know A from B

A와 B를 구별하다
Some children have difficulty in distinguishing the good from the bad.
어떤 아이들은 선악을 구분하는데 어려움이 있다.

He can't tell black from white.
그는 흑백을 구분도 못한다 (둔하다)

He doesn't know right from wrong.
그는 옳고 그름을 구별하지 못한다.

⑤ let alone / not to speak of / not to mention / to say nothing of / not to say anything of

~은 말할 것도 없이
She doesn't even know English, let alone Chinese.
그녀는 중국어는 커녕 영어도 모른다.

She speaks Chinese well, not to speak of English.
= She speaks Chinese well, not to mention English.
그녀는 영어는 말할 것도 없고 중국어도 잘해.

She speaks German and French, to say nothing of English.
그녀는 영어는 말할 것도 없고 독어와 불어도 잘해.

⑥ much less / still less

하물며 ~은 아니다
He knows very little English, much less French.
그는 영어를 거의 모른다. 불어는 말할 것도 없고(불어는 더 모른다)

I can't afford to buy a bicycle, still less a car.
나는 자전거를 살 여유도 없다. 차는 말할 것도 없고(차를 살 형편은 더 못된다)

3 슈퍼스타 **스타탄생**

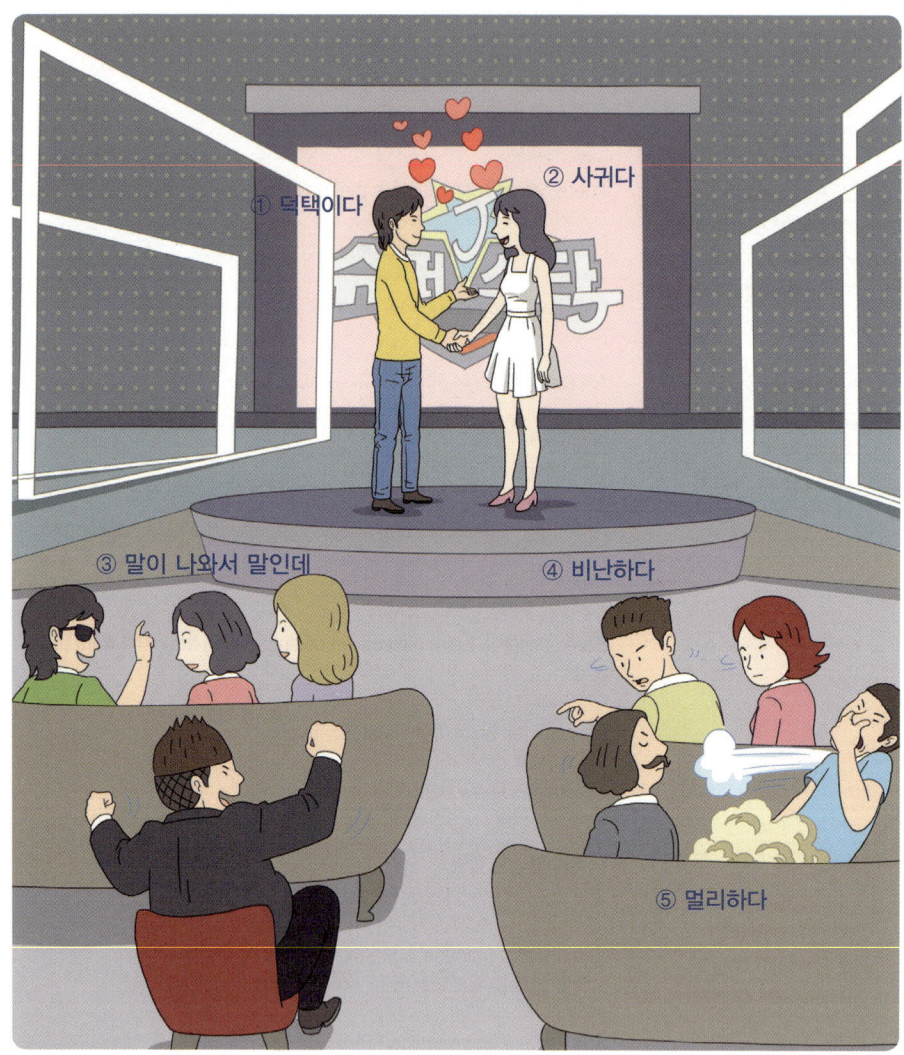

STORY

드디어 남녀 공동으로 슈퍼스타로 선정된다. "이게 다 당신의 덕분입니다 attritube A to B", "아니에요 워낙 실력이 좋으셔서..." 이렇게 둘은 서로 사귀는 keep company with 관계로 발전한다. 양쪽에 있던 관중들은 여러 말이 많다. "말이 나와서 말인데 talking of, 쟤들 사귄다며?" 평소 왕사장에 불만이 많던 사람은 "저 녀석 연예인 등처먹는 사기꾼 아니야?"하며 비난한다 accuse of" 그 순간 뒷자리에서는 누가 방귀를 뀌었는지, 방귀냄새를 맡고 코를 막고 멀리한다 stay away from.

phrases 동사형 3

① attribute A to B
impute A to B
accredit A to B
ascribe A to B

A를 B의 덕분으로 여기다
I'd like to attribute this glory to my teacher.
이 영광을 선생님께 드리고 싶습니다.

Do not ascribe your failure to anyone except yourself.
너의 실수를 너외의 다른 사람에게 돌리지 마라.

② keep company with
associate with

친하게 지내다, ~와 사귀다
He would like to keep company with me.
그는 나와 친하게 지내고 싶어했다.

Don't associate with such a bad boy.
그와 같이 나쁜 녀석하고는 사귀지 마라.

③ talking of
speaking of

~이라면, ~의 말이 나와서 말인데
Talking of Nancy, have you seen her recently?
낸시 이야기가 나와서 말인데, 최근에 그녀를 만났니?

Speaking of hobbies, I like listening to pop music.
취미 말인데, 난 팝 음악 듣는 것을 좋아한다.

④ accuse ~of
charge ~with

비난하다, 고발하다
The lawyer was accused of accepting bribes from the company.
그 변호사는 회사로부터 뇌물을 받은 것으로 고소당했다.

He was charged with attempting to bribe a politician.
그는 정치인에게 뇌물을 주려고 한 혐의로 고발되었다.

⑤ stay away from
keep away from
be absent from
absent oneself from

멀리하다, 떠나있다
Her parents warned her to stay away from a foolish man.
그녀의 부모는 어리석은 사람을 가까이하지 말라고 그녀에게 경고했다.

You should keep your laptop away from liquids.
너는 컴퓨터로부터 액체를 멀리 놓아야 한다.

4 돌쇠와 순이 **기회주의자**

① 이용하다
② 공짜로
③ 희생하고
④ 아무튼
⑤ ~에 관해서

STORY

돌쇠는 순이의 약점을 알아채고 이것을 이용하려고 take advantage of 한다. "네 엉덩이에 빨간 점이 있다며?" 순간 순이는 자신의 약점이 알려진 것을 보고 깜짝 놀란다. 비밀을 알리지 않는 조건으로 돌쇠는 순이에게 공짜로 for nothing 돈을 뜯어낸다. 순이는 애써 감추어 둔 돈을 희생하고 at the cost of 눈물을 흘린다. 순이는 너무 분해서 주인 부부에게 이 사실을 알린다. "아무튼 in any event 완전 날강도예요." 주인 부부는 돌쇠에 관해서 with regard to 문제를 확인하고 혼내주기로 다짐한다.

phrases 명사형 1

**① take advantage of
avail oneself of
make (good) use of**

이용하다 (약점을 이용하다)
All you have to do is take advantage of this rare opportunity.
당신은 이 드문 기회를 이용하기만 하면 된다.
You should not take advantage of her good nature.
너는 그녀의 좋은 성품을 이용해서는 안된다.
You should avail yourself of every opportunity for financial aid.
당신은 경제적 도움을 받을 수 있는 모든 기회를 활용해야 한다.
Try to make good use of the most modern technologies.
가장 현대적인 기술을 잘 활용하도록 노력하라.

**② for nothing
for free
free of charge**

공짜로 (까닭 없이, 헛되이)
She gave it to me for nothing. 그녀는 그것을 공짜로 나에게 주었다.
I spent much money for nothing. 나는 헛되이 돈을 많이 썼다.
He lost his temper for nothing. 그는 까닭없이 화를 냈다.
Nothing is for free. 공짜는 없다.
Admission is free of charge for the Housing Fair.
주택 박람회는 무료입장이 가능하다.

**③ at the cost of
at the expense of**

~을 희생하고
He achieved his ambition at the cost of his health.
그는 건강을 잃으면서 자신의 야망을 성취했다.
He has constructed the tallest building in Asia at the expense of his health. 그는 건강을 희생하고서 아시아에서 가장 높은 건물을 건축했다.

**④ in any event
in any case
at all events
at any rate**

아무튼, 여하튼
In any event, I am opposed to it. 여하튼, 나는 그것에 반대한다.
At all events you had better give it a try. 여하튼 시도를 해 보는 것이 좋겠다.
At any rate, I cannot make any comment on the matter.
하여튼, 그 일에 대해서는 어떠한 말씀도 드릴 수 없습니다.

**⑤ in regard to
with regard to
in respect to
with respect to
as regards
as for
as to**

~에 관해서, ~은 어떤가 하면
With(in) regard to the matter in question, I will write to you in detail later.
문제의 그 일에 대해서는, 추후에 자세히 편지를 드리겠습니다.
In this respect, refer to the following section regarding China.
이 점에 있어서는, 중국에 관한 다음 절을 참고하십시요.
As regards the expense involved, he doesn't care.
거기에 드는 비용에 관해서는, 그는 개의치 않는다.
As for the Nobel Prize laureates, Japan has 22 winners.
노벨상으로 말하자면, 일본은 22명이 수상자다. (2014년 기준)
They differed as to the solution to the problem.
그 문제의 해결책에 관해서 그들은 의견이 달랐다.

5 돌쇠와 순이 **원칙주의자**

① 전체적으로
③ ~을 위하여
⑤ 조금씩
② 애쓰다
④ ~에도 불구하고
⑥ 원칙적으로 하다

STORY

주인은 돌쇠에게 모내기 일을 시키는데, 논의 절반을 맡아서 하도록 한다. 전망대 높은 곳에 올라가서 일을 감독한다. "전체적으로 as a whole 돌쇠가 한참 느리구만" 네 명의 하인들은 서둘러 모내기를 마치려고 애를 쓴다 take pains. 여주인은 돌쇠를 몰아부친다. "너는 평생 순이의 행복을 위해서 for the purpose of 일해야 한다." 돌쇠가 열심히 일하는데도 불구하고 for all, 진도가 조금씩 little by little 나갈 뿐이다. 혼자 하니 그럴 수 밖에. 순이는 원칙주의자이다. "돌쇠야, 나는 네가 농땡이 치는 것을 좋아하지 않아. 쉬지 않고 꾸준히 하는 것을 원칙으로 하고 있어 make it a rule to." 돌쇠는 순이를 이용하려고 했다가 오히려 호되게 혼이 난다.

phrases — 명사형 2

① as a whole / on[upon] the whole
전체적으로, 대체로
The president tried his best to solidify the nation as a whole.
대통령은 국가 전체를 견고히 하기 위해 최선을 다했다.

On the whole they are doing a fine job. 대체로 그들은 일을 잘하고 있다.

② take pains / take the trouble / go to the trouble of
애쓰다, 수고하다
You have to take greater pains to make your guests feel comfortable.
당신은 손님이 좀 더 편안하게 느낄 수 있도록 더 많은 수고를 해야 한다.

You need not take the trouble to come and meet me.
굳이 애써 와서 나를 만나려는 수고를 할 필요가 없어요.

I would not go to the trouble of obtaining expert advice for the project.
그 프로젝트를 위해 전문가의 조언을 얻으려는 수고를 굳이 하지 않으려 합니다.

③ for the purpose of / with a view to
~을 위하여, ~을 목적으로
They came here for the purpose of meeting you.
그들은 당신을 만나러 여기 왔다.

Thomas studies Latin and Greek with a view to entering a seminary.
토마스는 신학교에 들어가기 위해서 라틴어와 헬라어를 공부한다.

④ for[with] all / in spite of
~에도 불구하고
For all its clarity of style, the newspaper is not easy to read.
그 신문은 문체가 명료한데도 불구하고 읽기가 쉽지 않다.

Many people feel like working in spite of old age.
많은 사람들이 노령에도 불구하고 일을 하고 싶어 한다.

⑤ little by little / by degrees
조금씩, 차츰
Little by little, the boy began to understand what I was talking about.
조금씩 그 소년은 내가 말하려는 것을 이해하기 시작하였다.

Her health improved by degrees. 그녀의 건강은 점차 호전되었다.

⑥ make it a rule to do / make a point of doing / make it a practice to do / make a practice of doing
~하기로 하고 있다, ~을 원칙으로 하다
I make it a rule to get up at six every morning.
나는 매일 아침 여섯시에 일어나기로 하고 있다.

I made a point of locking up before leaving the house.
나는 집을 나서기 전에 문단속하는 것을 잊지 않았다.

I make it a practice to take a walk after supper.
나는 저녁식사 후에 산책하는 것이 습관이다.

I make a practice of getting up at six and having breakfast at seven.
나는 여섯시에 일어나서 일곱시에 식사하는 것이 습관이다.

6 B-boy 연습장

STORY

비보이 브레이크 댄스 열기가 한창이다. 선배는 후배 교육에 열심이다. "야, 탑 다운락 뿐만 아니라 파워무브도 not only A but also B 잘 해야 돼!" 후배는 그의 말을 듣지 않을 수 없다 be compelled to. 뒤편에서는 출전팀 전부 합쳐서 in all 강훈련 중이다. 한참 땀흘리고 나니 갈증이 난다. "물이 부족해 be lacking in" 코치와 감독은 나름 만족해하면서 대화를 나눈다. "간단히 말해서 in short, 우리가 최고예요", "아직 약점은 있지만, 대체로 by and large 틀이 잘 잡혀 있구만."

phrases — 기타 1

① not only A but (also) B / B as well as A

A뿐만 아니라 B 역시

A famous historian has said that slavery was an evil that degraded not only the slave but also the slaveholder.
한 유명한 역사가가 노예제도는 노예뿐만 아니라 주인도 타락시키는 악이라고 말했다.

He is smart as well as handsome.
그는 잘 생겼을 뿐만 아니라 영리하기도 하다.

② be compelled to do / be forced to do / be obliged to do

하지 않을 수 없다

They were compelled to sell their house in order to pay their debts.
그들은 빚을 갚기 위해 집을 팔아야 했다.

Even if you have a stable job, you may be forced to change careers at some point.
당신이 안정된 직장을 가지고 있을지라도, 어느 시점에 가서는 이력을 바꾸어야 할 수도 있다.

We'll be obliged to hire someone in your place.
당신 대신에 누군가를 고용해야 되겠소.

③ in all / all told

전부, 합쳐서

There are 500 in all. 도합 500명이다.
There are twenty of us, all told. 우리는 전부 20명이다.
We need thirty books all told. 전체 30권의 책이 필요합니다.

④ be lacking in / be in want of / be in need of / be short of

부족하다

He is lacking in confidence. 그는 자신감이 부족하다.
I am in want of money. 나는 돈이 필요로 한다.
We are short of cash. 우리는 현금이 필요해.

⑤ in short / in brief / in a word / to cut a long story short / to make a long story short

간략히 하면, 한마디로

In short, it was a failure.
간단히 말해서, 그것은 실패야.

She answered in brief.
그녀는 간단히 답했다.

Could I put in a word?
제가 한 말씀 거들어도 될까요?

⑥ by and large / for the most part

전반적으로, 대체로, 주로

By and large, women can bear pain better than men.
대체로, 여성이 남성보다 더 고통을 잘 참는다.

The employees are, for the most part, diligent.
그 직원들은 대개 부지런하다.

7 슈퍼스타 실전

① 반드시
② 막 ~하려고 하다
③ 거의
④ 책임이 있는
⑤ 기껏해야
⑥ 기타 등등

STORY

이제 실전을 위한 마지막 점검을 하고 있다. "반드시 **never fail to** 우리 팀이 우승할 거야!"하고 굳게 다짐한다. 매트에서 막 비보이가 고난도 기술을 보이려 한다 **be about to do**. 이를 지켜보는 기술코치는 "이제 거의 **next to** 다 된 것 같군."하며 흐뭇해 한다. 이 비보이 팀을 책임맡은 **be responsible for** 매니저는 동작 하나하나를 점검 중이다. 이를 지켜보던 다른 팀원들이 "기껏해야 **at (the) best** 별거 없어 보이네."하며 자신만만해 한다. 이번 비보이 콘테스트에는 기타 등등 **and the like** 여러 팀들이 참가하여 경쟁이 치열하다.

phrases 기타 2

① never fail to do / without fail
반드시, 꼭 (하다)
She never fails to meet my expectations.
그녀는 내 기대를 결코 저버리지 않는다.
He has promised to come without fail.
그는 반드시 오겠다고 약속했다.

② be about to do / be on the point of
막 ~하려고 하다
Hurry up! The ceremony is about to begin!
서둘러! 식이 막 시작하려고 해!
I was on the point of going out when she called on me.
막 나가려고 하는데 그녀가 찾아왔다.

③ next to / all but
거의, ~에 버금가는
It's next to impossible to predict the outcome.
그 결과를 예측하는 것은 거의 불가능하다.
The party was all but over when I arrived.
내가 도착했을 때는 파티가 거의 끝나 가고 있었다.
All but one of the dishes were damaged.
접시가 한 개 빼고는 모두 흠이 나 있었다.

④ be responsible for / be in charge of
책임이 있다, 맡고 있다
Who is responsible for this matter?
이 문제의 책임이 누구에게 있지요?
I'm in charge of admin./accounts/advertising/reception/sales/general affairs.
나는 관리/경리/광고/접견/판매/총무를 맡고 있습니다.

⑤ at (the) best / at (the) worst
최상의 경우, 잘해봐야, 최악의 경우
He is, at best, but a teacher.
그는 기껏해야, 선생일 뿐이야.
At worst, I will get an average mark.
최악의 경우라도, 나는 평균 점수는 맞게 될 거야.

⑥ and the like / and so forth / and so on
기타 등등, ~따위
I like mathematics, physics and the like.
나는 수학, 물리학 등등을 좋아한다.
The police asked me my age, my name, my address, and so forth.
경찰이 나의 나이, 이름, 주소 등등을 질문했다.

8 슈퍼스타 평가

B-boy Contest

① 정통하다
② 첫째로
③ 지금까지는
④ 적어도
⑤ 겨우
⑥ 내가 아는 한

STORY

이제 B-boy 콘테스트 최종 심사관이 나와서 이번 콘테스트에 대한 총평을 나눈다. 이 심사관은 이 분야에 정통한 **be at home in** 사람으로 알려진 사람이다. 그런데, 좀 엉뚱한 말을 한다. "심사기준을 말씀드리지요. 우선 첫째로 **above all** 패션이 좋아야 해요. 패션이.." "지금까지는 **so far** 팀웍이 중요하다고들 했지만, 제 생각이 달라졌어요." 그러자, 각 팀들의 반응이 제각각이다. "맞아. 적어도 **not less than** 우리 정도는 돼야지." "겨우 **no more than** 트로피 하나 주면서 티내기는..." "내가 아는 한 **as far as I know**, 저 심사관도 분명 뭘 받았을 거야."

phrases — 기타 3

**① be at home in[on]
be well-informed of [about, on]**

~에 정통하다, 마음이 편하다
She's at home in modern English literature. 그녀는 현대 영문학에 정통하다.
She's at home on this subject. 그녀는 이 주제에 잘 알고 있다.
He is well informed of it. 그는 그것을 잘 알고 있다.

**② above all (things)
before everything else**

우선 첫째로, 무엇보다도
Above all, a man of culture should be generous.
무엇보다도, 교양있는 사람(a cultured man)은 관대해야 한다.
We should put health before everything else.
우리는 건강을 무엇보다 우선으로 놓아야 한다.

**③ so far
until[up to] now
up to the present**

지금까지는, 여태까지는
so far, so good. 현재까지는 잘되고 있어.
I have never met anyone like her until now.
나는 여태껏 그와 같은 여자를 본 적이 없어.
Since then, and up to the present, this has been considered as the generally accepted historical theory.
그 이후로, 그리고 현재까지, 이것은 일반적으로 받아들여지는 역사 이론으로 간주되어 왔다.

**④ no more than
= only, nothing but
not more than
= at most**

겨우, 많아야, 기껏해야
No more than ten people came to the meeting.
겨우 10명이 미팅에 왔다.
Not more than ten people came to the meeting.
기껏해야 10명이 미팅에 왔다.

**⑤ no less than
= as much as, as many as
not less than
= at least**

~만큼이나, 적어도, 최소한
No less than one hundred people came to the meeting.
100명이나 미팅에 왔다.
Not less than one hundred people came to the meeting.
최소한 100명이 미팅에 왔다.

**⑥ as far as I know
to the best of my knowledge**

내가 아는 한
As far as I know, he is the last person to tell a lie.
내가 아는 한, 그는 절대 거짓말할 사람이 아니야.
To the best of my knowledge, what he said is true.
내가 아는 한, 그가 말한 것은 사실이야.

Doctor VOCA

Funny Idiom

10. apple of one's eye

[의미]
눈에 넣어도 아프지 않을 만큼 귀여운 것, 아주 귀중한 것, 장중보옥(掌中寶玉)

[어원]
이 표현은 구약성경 모세 오경의 하나인 신명기에 나왔다. "He found him in a desert land, and in the waste howling wilderness; he led him about, he instructed him, he kept him as the apple of his eye"(그분이 야곱을 만나신 것은 광야에서였다. 스산한 울음 소리만이 들려오는 빈 들판에서 만나, 감싸주시고 키워주시며 자신의 눈동자처럼 아껴주셨다: 신명기 32장 10절). 여기서 apple은 눈의 한가운데 있는 눈동자를 말한다. 우리 눈은 외부 자극으로부터 눈을 보호하기 위해 의식하지 않고도 깜빡인다. 반사적으로 보호한다. 눈동자처럼 지킨다는 것은 이처럼 반사적인 보호를 하는 귀중한 존재임을 의미한다.

[예문]
You are the apple of my eye.
너는 나의 가장 소중한 존재야.

II. 대조 숙어

1. 동사형 대조숙어
2. 명사형 대조숙어
3. 기타 대조숙어

1 창업의 꿈 **매장 인수**

STORY

젊은 아들 철수는 부모님을 설득하여 persuade A into B 베스트라빈스 매장을 인수하려 한다. 부동산 중개업자는 그 매장이 현재 번창하고 있고 전망이 좋다고 하면서 모든 것을 좋게 말한다 speak well of. 매장 주인은 "아이스크림 다 팔렸어요." 하고 들어오는 손님들에게 외친다. 사실 이 주인은 이 매장을 다 팔려는 sell out 생각이다. 매장을 둘러보며 전망이 좋다고 판단한 아들이 아버지를 설득하는 중인 것이다. 아버지는 아들을 돕고자 그 제안에 찬성한다 be for. 그러나 어머니는 창업에 실패한 사람들을 보면서 그 제안에 반대표를 던진다 vote against.

phrases 동사형

persuade[talk] A into B
persuade[talk] A out of B

A를 설득하여 B를 하게 하다
A를 설득하여 B를 못하게 하다

She persuaded her son into going to the party.
그녀는 아들이 그 파티에 가도록 설득했다.

She persuaded her son into [out of] going to the party.
그녀는 아들이 그 파티에 가지 않도록 설득했다.

speak [think] well of
speak [think] ill [badly] of

~을 좋게 말하다[생각하다]
~을 나쁘게 말하다[생각하다]

If you want people to think well of you, do not speak well of yourself.
남의 칭찬을 받고 싶거든, 자기 칭찬을 하지 말라. −Pascal

He seldom, if ever, speaks ill of others.
그는 좀처럼 남을 헐뜯지 않는다.

sell out
buy out

다 팔다
(권리 재산 등을) 몽땅 사다

The manager decided to sell out all goods.
매니저는 모든 물품을 팔기로 결정했다.

The employees of the company thought eventually their company will be bought out.
그 회사의 직원들은 결국 자신의 회사가 매각될 것이라고 생각했다.

be for
be against

~에 찬성하다
~에 반대하다

Would you be for or against this decision?
당신은 이 결정에 찬성하는가 아니면 반대하는가?

vote for
vote against

찬성표를 던지다
반대표를 던지다

Some 43 percent of the respondents said they will vote for a ruling party candidate.
응답자의 약 43%가 여당후보를 지지하겠다고 응답했다

I probably would have voted against it.
저라면 아마도 반대표를 던졌을 것 같습니다.

2 창업의 꿈 **개업 준비**

STORY

성공의 당찬 꿈을 안고 철수는 창업성공을 위한 준비에 열심이다. 먼저 도서관에 들렀는데 눈에 띄는 catch sight of 책을 발견한다. 책 제목이 간단명료한 to the point "창업 핵심"이라는 책이다. 그 책을 펼치며 매출이 증가하여 on the increase 오르는 방법을 연구한다. 비공식적으로, 은밀히 in private 이렇게 다짐하며 공부 중이다. 이제 비용을 줄이기 위해 직접 at first hand 매장 인테리어에 착수한다. 많은 사람들이 창업에 실패하고 힘들다고 하는데, 무슨 수를 쓰더라도 by any means 성공해야겠다는 다짐을 굳게 한다.

phrases — 명사형 1

catch[get] sight of
lose sight of

~이 눈에 띄다, 발견하다
~을 시야에서 놓치다

The boy happened to catch sight of a rare insect.
그 소년은 우연히 진기한 곤충을 발견했다.
Be careful not to lose sight of the goal. 목표를 잃어버리지 않도록 주의해라.

to the point
beside the point

간결한, 간단명료한 to the purpose
핵심에서 벗어난 wide of the mark

I wish you would come to the point.
나는 네가 (얘기하려는) 본론으로 들어갔으면 좋겠다.
What he said was beside the point. 그가 말한 것은 요점을 벗어난 거야.

on the increase
on the decrease

증가하여
감소하여

The number of cars is on the increase. 차량 수가 증가하고 있다.
The birthrate is on the decrease. 출산율이 감소하고 있다.

in public
in private

공공연하게 publicly
비공식으로, 은밀히 privately

I envy you for speaking well in public.
나는 대중 앞에서 말을 잘하는 네가 부러워.
I'd like to speak to you in private.
은밀히 너와 말하고 싶은데.(Can we talk in private?)

at first hand
at second hand

직접, 직접적으로 directly
중고로, 간접적으로 indirectly

I heard the news at first hand. 나는 그 소식을 직접 들었다.
Most of them had only heard of the massacre at second hand.
그들 대부분은 그 학살에 대해서 간접적으로 들었을 뿐이다.

by any[all] means
by no means

무슨 수를 쓰더라도, 결단코
결코 ~이 아니다

We will, by all means, accomplish this.
우리는 어떻게 해서라도 이것을 이루고야 말 거야.
I want to meet you by any means.
어떻게 해서라도 너를 만나고 싶다.
She is by no means selfish.
그녀는 절대 이기적이지 않아.

3 창업의 꿈 **매장 운영**

STORY

드디어 매장 오픈! 영업 중인 in business 간판을 보고 많은 사람들이 매장을 찾았다. 근무 중인 on duty 알바생들은 친절하게 손님을 접대한다. 마음 편히 at ease 먹는 손님들, 그리고 아이스크림을 보고 기분이 좋은 be in high spirits 아이들 모습이 보기에 좋다. 그런데, 이런 분위기에 찬물을 끼얹는 사람이 있으니. 주인 면전에서, 노골적으로 to one's face "너무 맛이 없어요. 환불해줘요."하며 냉정을 잃고 화를 내는 lose one's temper 손님이 꼴불견이다. 철수는 침착함을 presence of mind 유지하려고 애를 쓴다.

phrases — 명사형 2

in business / out of business
영업 중인 cf. on business 사업차
파산하여, 실업하여

My brother was thirty when he started in business.
나의 형은 30세부터 사업을 시작했다.

The company went out of business two years ago.
그 회사는 2년 전에 폐업했다.

on duty / off duty
근무시간 중인, 당번인 / 근무시간 외인, 비번인

He is on duty at present. 그는 지금 근무 중입니다.
I'm off (duty) today. 오늘은 쉬는 날이다.

at ease / ill at ease
마음 편히, 느긋하게 cf. with ease
마음 편치 못한, 안절부절못하는

She is seldom at ease with strangers. 그녀는 낯선 사람과 있으면 거의 마음이 편하지 않다.
He felt ill at ease in the presence of the principal.
그는 교장 선생님 앞에서는 안절부절 못하였다 (불편하게 느꼈다).

be in high[great] spirits / be in low[poor/bad] spirits
기분이 좋다
기분이 나쁘다

He came back home in high spirits. 그는 의기양양하여 집으로 돌아왔다.
My boss is in low spirits today. 보스가 오늘은 기분이 안좋은 것 같애.

to one's face / behind one's back
남의 면전에서, 노골적으로
은밀히 in one's absence

You should tell him to his face. 너는 그의 면전에서 직접 그에게 말해야 한다.
Those who praises you to your face tend to speak ill of you behind your back.
너의 면전에서 너를 칭찬하는 사람은 너의 등 뒤에서는 너를 욕하는 경향이 있다.

lose one's temper / keep one's temper [control]
화를 내다, 냉정을 잃다
참다, 침착함을 잃지 않다

Don't lose your temper whatever she may say.
그녀가 뭐라고 말하든 냉정함을 잃지 마라.
He lost his position because he did not keep his temper.
그는 냉정함을 잃었기 때문에 자신의 지위를 잃어버렸다.

presence of mind / absence of mind
침착, 냉정
방심, 얼빠짐

She had the presence of mind to phone the police when her daughter disappeared.
그녀는 딸이 사라졌을 때, 냉정을 유지하고 경찰에 전화를 하였다.
The absence of mind leads to an accident. 방심이 사고로 이끈다.

4 창업의 꿈 번창이냐, 파산이냐

③ as it is
④ what is worse
② be badly off
be dependent on
⑤ be interested in
⑥ on one's own

STORY

이렇게 외적으로는 번창하는 것 같지만, 곧 형편이 어려워졌다. 어려울 때 의지할 be dependent on 분은 바로 부모님이다. 형님은 "형편이 좀 곤궁하지? be badly off"하며 동생 철수에게 묻는다. 그러자, "실은 as it is 많이 어려워요. 더욱 나쁜 것은 what is worse 집도 날렸어요."하고 울먹이며 말한다. 이때 형은 베스트라빈스 매장을 직접 운영하는데 관심이 생긴다 be interested in. 아버지는 아들을 격려하며 말한다. "혼자 힘으로 on one's own 일어서는게 그렇게 힘든 거란다."

phrases 기타

be dependent on / be independent of
~에게 의지하다
~에 의존하지 않다

You are too old to be dependent on your father.
= You are old enough to be independent of your father.
너는 너의 아버지에게 의존하기에는 이제 나이가 너무 많아.
= 너는 너의 아버지로부터 독립할 정도로 충분한 나이가 되었다.

be well off / be badly[bad] off
생활이 넉넉하다
살기가 어렵다, 곤궁하다

He is financially well off now.
그는 재정적으로 넉넉하다.

He is badly off all the year round.
그는 일년 내내 곤궁하다.

as it is / as it were
실은, 현재대로
말하자면 so to speak

Just leave it as it is.
현재대로 그대로 남겨둬.

It is, as it were, a life and death problem.
그것은, 말하자면, 삶과 죽음의 문제야.

what is better / what is worse
더욱 좋은 것은
더욱 나쁜 것은

He is a great scholar, and, what is better, a good teacher.
그는 위대한 학자야. 그리고 더욱 좋은 것은, 훌륭한 선생님이라는 거야.

It got darker and darker, and, what is worse, it began to snow.
점점 더 어두워졌어. 그리고 더욱 나쁜 것은, 눈이 내리기 시작했다는 거야.

be interested in / be indifferent to
~에 관심이 있다
~에 무관심하다

Are you interested in Korean dramas?
한국 드라마에 관심이 있으신가요?

He seems to be indifferent to worldly gains.
그는 세속적인 이익에 대해 무관심한 것 같다.

of one's own / on one's own
자기 소유의, 스스로의
혼자 힘으로, 자기 혼자서

You reap the harvest of your own sowing.
뿌린대로 거둔다. (자업자득)

Can you do this on your own?
너 스스로 이것을 할 수 있니?

Funny Idiom

11. beat about[around] the bush

[의미]
말을 빙빙 돌리다. 요점을 말하지 않다.

[어원]
사냥을 할 때 흔히 사냥 준비를 위해서 "몰이"를 한다. 동물이 있을만한 장소의 덤불숲 (bush)을 두들겨 사냥감을 몰아가는 것을 말한다. 이렇게 하여 날아오른 새를 총으로 쏘거나, 도망가는 동물을 사냥하곤 하였다. 여기에서 사냥하는 것이 아니라 사냥 준비(몰이) 하는데만 마음을 기울이지 말라는 말이 나왔다.

[예문]
Don't beat around the bush. Get to the point.
빙빙 돌려 말하지마. 요점만 말해.

III 혼동 숙어

1. 동사형 혼동숙어

2. 명사형 혼동숙어

3. 기타 혼동숙어

1 자녀교육 **부모의 사랑**

STORY

이 지역에는 '언행일치' 초등학교와, '행복' 초등학교 두 개로 이루어져 있다 consist of. '행복'은 욕심을 부리지 않고 만족하는 것에 있다 consist in. '언행일치'는 말과 행동이 일치하는 consist with 것을 말한다. '언행일치' 학교에 다니는 attend (at) 아들을 엄마가 밖에서 기다린다. 또한 '행복' 학교에서 나오는 아들을 기다리는 wait for 것은 아빠이다. 밖에서 한 아주머니는 이들 엄마와 아빠를 비교하면서 compare A with B 교육에 있어서 아빠와 엄마 누가 더 중요한 역할을 하는지 생각해 본다. 이 때 학습지를 취급하며 deal in 판매하는 회사 직원이 이 아주머니를 접촉하려고 한다.

phrases — 동사형 I

consist of
consist in
consist with

~ 이루어져 있다
~에 존재하다, 있다
~과 일치하다

The soccer teams consist of young people from 15 to 24 years of age.
축구팀들은 15세부터 24세에 이르는 젊은 사람들로 이루어져 있다.

Happiness consists in giving, and in serving others. (Henry Drummond)
행복은 주고 사람들을 섬기는 데 있다.

His daily actions do not consist with his avowed principles.
그의 일상의 행동은 그가 공언한 원칙과 일치하지 않는다.

---

attend (at)
attend to
attend on

참석하다, (학교 등에) 다니다
유의하다, 주의하다

Do I have to attend (at) a graduation ceremony?
졸업식에 참석해야 하나요?

Attend to my words! Attend to your business!
내 말에 집중해! 네 일이나 잘해!

The maid attended on her master. = The maid was in attendance on her master.
하녀는 그녀의 주인의 시중을 들었다.

---

wait for
wait on

~을 기다리다
~을 시중들다

Time and tide wait for no man.
세월은 사람을 기다리지 않는다.

There were plenty of slaves to wait on him.
그를 수종드는 수많은 노예들이 있었다.

---

compare A with B
compare A to B

A와 B를 비교하다
A를 B에 비유하다

Don't compare yourself with those above you.
너 자신을 너 위의 다른 사람과 비교하지 마라.

People sometimes compare life to a stage.
사람들은 때때로 인생을 무대에 비유한다

---

deal in
deal with

~을 취급하다, ~에 종사하다
다루다, 거래하다

We deal mainly in consumer electronics.
우리는 주로 소비 가전 제품을 취급합니다.

She is an ugly customer to deal with.
그녀는 다루기 힘든 추한 고객이다.

2 자녀교육 **시험**

STORY

학교에 다니면서 반드시 치러야 하는 시험 중이다. 우등생은 그동안 공부한 것을 기억하고 remember doing 답안을 작성한다. 그 뒤에서는 우등생의 답안과 일치하게 correspond to 답을 베끼느라 여념이 없다. 이럴때면 꼭 깡패같은 녀석이 시험을 방해한다 interfere with. "컨닝하고 다 쓰면 나한테 넘겨. 좋은 말할 때!" 시험결과는 어떻게 나왔을까? 놀랍게도, 컨닝의 결과로 result in 깡패 녀석의 점수가 100점이 나왔다. 그 부모님은 자기 아들의 점수에 관해서 듣고 hear about 놀란다. 엉뚱한 결과가 나오자 우등생은 시험조작이라고 조사해야 inquire into 한다고 주장한다.

phrases 동사형 2

remember doing / remember to do

기억하고 있다
잊지않고 ~하다

I remembered locking the door when I left. 떠날 때 문 잠근 것을 기억하고 있다.
Please remember to mail this letter. = Don't forget to mail this letter.
이 편지 보내는 것을 잊지 마라.

correspond to / correspond with

~에 일치하다, 조화하다
편지를 주고 받다, 일치하다

Sometimes a literal translation does not correspond to the contextual sense of the original. 때때로 문자적으로 해석하면 원문의 맥락과 일치하지 않는다.
I still correspond with him. 나는 여전히 그와 소식을 주고 받는다.

interfere with / interfere in

방해하다/협박하다
간섭하다

Don't interfere with my studying. 내 공부를 방해하지 마.
Don't interfere in private concerns. 사적인 일에 간섭하지 마.

result in / result from

(결과)~이 되다, ~으로 끝나다
(결과로서) 생기다

Evil deeds result in hardships and good deeds result in blessings.
악한 행동은 역경이, 선한 행위는 축복이 된다.
Your failure resulted from not working hard enough.
너의 실패는 아주 열심히 일하지 않은 결과야.

hear of / hear about / hear from

에 대해 듣다, 알다
~에 관하여 듣다
(특히 편지로) 소식을 듣다

I am so glad to hear of the news. 소식을 들어서 너무 기쁘다.
I would like to hear about your current position.
당신의 현재 위치에 대해서 들어보고 싶습니다.
I hope to hear from you as soon as possible.
가능한 한 빨리 너의 소식을 듣고 싶구나.

inquire of / inquire into / inquire after

묻다 ask of
조사하다
안부를 묻다 ask after

He inquired of his friend what he should do.
그는 그의 친구에게 무엇을 해야 하는지 물었다.
We must inquire into the cause of the fire. 우리는 화재의 원인을 조사해야 한다.
I called on him to inquire after his health and well-being.
나는 그가 건강하게 잘 지내는지 알아보기 위해 그를 방문했다.

3 젓가락 달인 **젓가락 아카데미**

STORY

여기는 젓가락을 엉덩이로 부러뜨리는 젓가락 격파 아카데미 현장이다. 젓가락 20개를 부러뜨린 챔피언이 이제는 거의 불가능한 out of the question 미션, 즉 25개를 부러뜨리는데 도전한다. 이를 바라보는 수련생이 "25개, 이건 결코 가능하지 않은 anything but 일이야"라고 말한다. 몇몇 소수의 only a few 수련생들도 그의 말에 동조한다. 젓가락 달인이 운영하는 이 아카데미는 인기가 드높다. 수많은 a number of 수련생들이 찾아오는 중이다. 성실한 수련생은 달인의 동작 하나하나도 빼놓지 않고 노트 필기하느라 take notes of 한창이다.

phrases 명사형 1

out of the question
out of question
beside the question

불가능한 impossible
의심의 여지가 없는, 분명히 = without question
주제(문제)에서 벗어난 = beside the point

It is out of the question for us to finish the project in a week.
우리가 그 프로젝트를 일주일 내에 끝내는 것은 불가능하다.
His success is out of question. 그의 성공은 확실하다.
Your answer is beside the question 당신의 대답은 주제에서 벗어나 있다.

anything but
nothing but

= never ~이 결코 아닌
= only 단지 ~인

He is anything but a gentleman. 그는 결코 신사가 아니다.
He is nothing but a poet. 그는 시인일 뿐이다.
When we think of it, life is nothing but a dream.
생각건대 인생은 꿈에 지나지 않는다.

only a few
quite a few

소수의 not many
꽤 많은 a good many

Only a few species of sharks will attack people.
단지 상어 몇 종류만이 인간을 공격한다.
He has quite a few books at home. 그는 집에 상당히 많은 책을 가지고 있다.

a number of
the number of

꽤 많은
~의 수

A number of people are waiting for the train.
많은 사람들이 기차를 기다리고 있다.
The number of people who are over 65 years old is increasing dramatically.
65세 이상된 사람들의 수가 극적으로 증가하고 있다.

take[make] notes of
take note of

~을 필기하다, 노트하다
~에 주의하다, 알아채다 = pay attention to

Do you take notes of the lectures? 너는 강의 필기하니?
Take note of the errors you committed and study hard to avoid committing them again.
잘못한 실수들에 주의해서, 다음번에는 똑같은 실수를 하지 않도록 열심히 공부해라.

4 젓가락 달인 너 자신을 알라

STORY

oneself(자신)으로 이루어진 혼동 숙어를 정복해보자. 젓가락 격파 챔피언이 되기 위한 달인의 수련 모습을 알아보자. 달인은 젓가락 격파가 다른 누구를 위해서가 아니라 바로 자신을 위해서 for oneself 하는 것으로 믿고 정진한다. 때로는 자기 혼자서 by oneself 외로운 밤 시간을 보내기도 한다. 열심히 몸을 만들고 운동하자, 나무에 오르는 것은 저절로 of oneself 가능할 정도가 된다. 이제 통나무를 부러뜨리기로 결심한다. 젓가락이 아니라 통나무를.. 그야말로 제정신이 아닌 beside oneself 것 같다. 놀랍게도, 이 통나무가 부러졌다. 알고 보니 이 통나무는 본질상 in itself 가운데가 텅 빈 상태였던 것이다. 달인은 통나무가 격파되자 자신도 모르게 in spite of oneself 환희에 젖어 소리를 지른다.

phrases — 명사형 2

for oneself　　자신을 위해서 for one's own sake
by oneself　　자기 혼자서 alone
of oneself　　저절로, 자기 스스로 spontaneously
beside oneself　　제 정신이 아닌, 이성을 잃고
in itself　　본질적으로, 그것 자체가
in spite of oneself　　자신도 모르게

He did it for himself. = He did it for his own sake.
그는 자신을 위해서 그것을 했다.

He did it by himself. = He did it on his own, without any help.
그는 혼자서 그것을 했다.

He awoke of himself.
그는 저절로 잠이 깼다.

They were beside themselves with sorrow.
그들은 슬픔으로 인하여 제정신이 아니었다.

It is harmless in itself.
그것은 그 자체로는 해가 없다.

She shed tears in spite of herself.
그녀는 자신도 모르게 눈물을 흘렸다.

5 젓가락 달인 **학원 관리**

① at hand
② be in control (of)
③ out of one's mind
④ in charge of

STORY

이제 달인은 30개를 격파하는 명실상부한 챔피언으로 성장하고, 정예의 수련생들이 훈련을 받게 된다. 언제든지 쓸 수 있게 손이 닿는 곳에 **at hand** 물컵이 준비되어 있다. 달인은 지도사들을 관리하고 **be in control (of)** 훈련시킨다. 엄격한 한 지도사는 수련생을 혹독하게 훈련시킨다. 그러자, "제정신이 아니야 **out of one's mind**, 미쳤어"하고 힘들어 한다. 이 학원의 자금 관리는 예쁜 여직원이 맡아서 **in charge of** 관리하고 있다.

phrases — 명사형 3

at hand
off hand
on hand
present

손이 닿는 곳에, 언제든지 쓸 수 있게
준비 없이, 즉석에서
수중에 가지고 있어, 출석하여

Sit near at hand.
가까이에 와서 앉아.

The exam is (near) at hand.
곧 시험이다.

I can't think of it off hand.
생각이 바로 떠오르질 않아요.

I don't have any money on hand.
나는 수중에 돈이 하나도 없어요.

---

be in control (of)
be under control (of)

~을 관리 [지배]하다
~의 관리 [지배]하에 있다

We need to be in control of ourselves.
우리는 우리 자신을 통제할 필요가 있다.

I have everything under control.
내가 다 알아서 할게.

---

out of mind
out of one's mind

잊혀진
제정신이 아닌, 미친

It has been the custom since time out of mind.
그것은 오래전부터 관습이었어.

He must be out of his mind.
그는 분명 지금 제정신이 아니야.

---

in charge of
on charge of

~을 맡아서, ~을 관리하고 있는
~의 혐의로

He is in charge of sales department.
그는 영업 부장이다.

He is now in jail on charges of helping the refugees flee across the border.
그는 도망자들이 국경을 넘어 도망가도록 도운 혐의로 현재 수감 중이다.

6 젓가락 달인 **성공의 위험**

① be familiar to
② be sure of
③ be possessed of
④ apart from
⑤ be concerned about
⑥ to the contrary

STORY

이제 달인의 명성은 많은 사람에게 알려져 있다 be familiar to. 젓가락 격파 협회 회장은 달인에게 메달을 수여하며 "자네가 반드시 성공하리라 나는 확신하네 be sure of"하고 칭찬한다. 달인은 젓가락 격파의 재능을 갖춘 be possessed of 인재이다. 그런데, 성공의 경지에 오르자, 달인이 달라졌다. 수련은 제쳐놓고 apart from 흥청망청 재물을 탕진하고 만다. 이를 지켜보던 사람들이 염려하며 be concerned about 지켜본다. 결국, 성공하여 모든 것이 잘 풀릴 것이라는 사람들의 기대와는 반대로 to the contray 실패하여 뒷전으로 사라지는 인생이 되었던 것이다.

phrases — 기타

be familiar to
be familiar with

〈사물이〉 〈사람에게〉 잘 알려져 있다
〈사람이〉 잘 알고 있다

This music is familiar to our team. 이 음악은 우리에게 잘 알려져 있어요.
You will be familiar with English, if you follow my instructions.
네가 나의 지시를 따르면, 영어에 친숙해 질 거야.

be sure of
be sure to do

~을 확신하다
반드시 ~하다

Are you sure of success? 성공을 자신하나요?
Be sure to come. 꼭 오세요.

be possessed of
be possessed by[with]

(재능·성질 따위를) 갖추다
(감정·관념 등에) 지배되다

He is possessed of wealth, fame and power.
그는 부, 명예, 권력을 가지고 있다.
She is possessed by an evil spirit. 그녀는 악령에 잡혀있다.

far from
apart from

~에서 먼, 전혀 ~이 아닌, ~은 커녕
~은 제쳐놓고, ~은 별도로 하고

This is a place that is far from any human dwellings.
여기는 사람 살 곳이 못되네요.
The airport is far from here. 공항은 여기에서 멀어요.
Apart from sports, I don't watch TV.
스포츠를 빼놓고, 나는 TV를 시청하지 않는다.

be concerned about [for]
be concerned with

~에 대해 염려하다 anxious/worried
~와 관계가 있다

We are concerned about our daughter.
우리는 우리의 딸을 염려하고 있다.
It is advisable not to be concerned with them.
그들과 연루되지 않는 게 좋겠다.

to the contrary
on the contrary

그와 반대로(의), 반대 결과로(의)
그와는 반대로, 이에 반하여, 그렇기는커녕

There are many instances to the contrary.
그와 상반되는 사례들이 많이 있습니다.
"You look tired." "On the contrary, I feel fine."
"피곤해 보이는데." "그 반대야. 기분이 좋아."

PART Ⅲ
부록

Funny Idiom

12. cut to the chase

[의미]
바로 본론으로 들어가다. 요점만 말하다

[어원]
이 표현은 무성영화시절에 만들어진 말이다. 가장 흥분되고 재미있는 부분은 추격하는 (chasing) 장면이었다. 서투른 작가나 감독은 불필요한 대화를 집어 넣어 시간을 끌며 관객들을 지루하게 만들곤 했다. 이때 "추격장면으로 바로 가라"는 뜻으로 이 표현이 나왔다.

[예문]
Let me cut to the chase.
바로 본론부터 말하지요.

부록 | 영어속담

부록 영어속담

1. A big fish in a small pond. — 우물 안 개구리.
2. A bird in the hand is worth two in the bush. — 남의 돈 천냥보다 내 돈 한냥이 더 낫다.
3. A bunt child dreads the fire. — 자라보고 놀란 가슴 솥뚜껑 보고 놀란다.
4. A fly in the ointment. — 옥에 티.
5. A little learning is a dangerous thing. — 아는 것이 병이다.
6. A match made in heaven. — 찰떡 궁합.
7. A penny saved is a penny earned. — 아끼는 것이 버는 것이다.
8. A sitting duck. — 독안에 든 쥐.
9. After rain comes sunshine. — 비 온 뒤에 땅이 굳어진다.
10. All that glitters is not gold. — 번쩍거린다고 해서 다 금이 아니다.
11. be caught in the cross fire. — 고래 싸움에 새우 등 터지다.
12. Beauty is in the eyes of the beholder. — 제 눈에 안경이다.
13. Beggars can't be choosers. — 거지 주제에 찬밥 더운밥 가리랴.
14. Better to be safe than sorry. — 식은 죽도 불어가며 먹어라.
15. bite the hand that feeds you. — 은혜를 원수로 갚다.
16. Blood is thicker than water. — 피는 물보다 진하다.
17. Do to others as you would be done by. — 대접받고 싶은 대로 남에게 하라.
18. Don't bite off more than you can chew. — 오르지 못할 나무는 쳐다보지도 말라.
19. Don't count your chickens before they are hatched. — 부화하기 전에는 병아리를 세지 말아라.
20. Don't count your chickens before they're hatched. — 김칫국부터 마시지 말라.
21. Easier said than done. — 말보다 행동이 어렵다.
22. Easy come, easy go. — 쉽게 번 돈 쉽게 나간다.
23. Every cloud has a silver lining. — 하늘이 무너져도 솟아날 구멍은 있다.
24. Every dog has his day. — 쥐구멍에도 볕들 날 있다.
25. Everyone has a few skeletons in his closet. — 털어서 먼지 안 나는 사람 없다.
26. Everything comes to him who waits. — 기다리는 자에게 복이 온다.
27. Get stabbed in the back. — 믿는 도끼에 발등 찍힌다.
28. have one's cake and eat it too. — 꿩 먹고 알 먹다.

29	hit the nail on the head.	정곡을 찌르다.
30	Honesty is the best policy.	정직이 최선의 방책이다.
31	Hunger is the best sauce.	시장이 반찬이다.
32	If at first you don't succeed, try and try again.	열 번 찍어 안 넘어가는 나무 없다.
33	If it ain't broke, don't fix it.	긁어 부스럼이다.
34	Ignorance is bliss.	모르는 게 약이다.
35	It ain't over till the fat lady sings.	승부는 끝까지 가봐야 안다.
36	It is never too late to mend.	아무리 늦어도 고칠 수 있다.
37	It never rains but it pours.	엎친 데 덮친 격이다.
38	It takes two to tango.	손뼉도 마주쳐야 소리가 난다.
39	It's like a bottomless pit.	밑 빠진 독에 물 붓기다.
40	It's like killing two birds with one stone.	일석이조.
41	It's like the pot calling the kettle black.	똥 묻은 개가 겨 묻은 개 나무란다.
42	It's like trying to find a needle in a haystack.	서울 가서 김 서방 찾는다.
43	It's like trying to teach a fish how to swim.	공자 앞에서 문자 쓴다.
44	It's no use crying over spilt milk.	엎질러진 물이다.
45	jump on the bandwagon.	친구 따라 강남 간다.
46	Like a kid in a candy store.	참새가 방앗간을 보고 그냥 지나칠까.
47	Like sitting on pins and needles.	바늘 방석에 앉은 것 같다.
48	Like two peas in a pod.	도토리 키재기.
49	Look before you leap.	돌다리도 두드려보고 건너라.
50	Look who's talking.	사돈 남말한다.
51	Money talks.	돈만 있으면 귀신도 부린다.
52	More haste, less speed.	급할수록 돌아가라.
53	Nothing ventured, nothing gained.	산에 가야 범을 잡는다.
54	From rags to riches.	개천에서 용 났다.
55	When it rains, it pours.	갈수록 태산이다.
56	Not know one's ABCs.	낫 놓고 기역자도 모른다.
57	on someone's coattails.	원님 덕에 나팔 분다.
58	Out of sight out of mind.	보지 않으면 마음에서도 멀어진다.

59	Poverty is the mother of crime.	가난이 죄다.
60	Practice makes perfect.	서당개 삼 년이면 풍월을 읊는다.
61	Seeing is believing.	보는 것이 믿는 것이다. 백문이 불여 일견.
62	Spare the road and spoil the child.	매를 아끼면 아이를 버린다.
63	Strike while the iron is hot.	쇠뿔도 단 김에 빼라.
64	The blind leading the blind.	소경이 소경을 인도한다.
65	The early bird catches the worm.	일찍 일어나는 새가 먼저 벌레를 잡는다.
66	The grass is always greener on the other side.	남의 떡이 더 커 보인다.
67	The more you have, the more you want.	욕심은 끝이 없다.
68	The proof of the pudding is in the eating.	길고 짧은 것은 재어 봐야 안다.
69	Time flies.	세월이 유수와 같다.
70	Time heals all wounds.	세월이 약이다.
71	To add fuel to the fire.	불난 집에 부채질.
72	Too many cooks spoil the broth.	사공이 많으면 배가 산으로 간다.
73	Two heads are better than one.	백지장도 맞들면 낫다.
74	We're (all) in the same boat.	한 배를 탔다.
75	What goes around comes around.	가는 말이 고와야 오는 말이 곱다.
76	What goes up must come down.	오르막이 있으면 내리막도 있다.
77	What's done is done.	주사위는 던져졌다.
78	When in Rome do as the Romans do.	로마에서는 로마인처럼 행동하라.
79	Where there's a will, there's a way.	뜻이 있는 곳에 길이 있다.
80	You can run but you can't hide.	뛰어 봐야 벼룩이다.
81	You can't teach an old dog new tricks.	개 버릇 남주랴.
82	You get what you pay for.	싼 게 비지떡이다.
83	You must learn to walk before you can run.	걷기도 전에 뛰려고 한다.
84	You reap what you sow.	뿌린 대로 거둔다.

부록 단어 INDEX

부록 단어 Index

A

a couple of	131
a cup of	131
a glass of	131
a long time ago	147
a number of	193
a pair of	131
a piece of	131
a sheet of	131
a slice of	131
above all (things)	175
absence of mind	183
absent oneself from	165
accredit A to B	165
accuse ~of	165
after a while	153
again and again	155
agree with	125
all but	173
all day long	151
all night	151
all the time	147
all the way	135
all told	171
along with	133
and so forth	173
and so on	173
and the like	173
anything but	193
apart from	199
as a whole	169
as far as I know	175
as for	167
as good as	47
as it is	185
as it were	185
as many as	175
as much as	175
as regards	167
as soon as	153
as to	167
as usual	155
as you know	63
ascribe A to B	165
ask after	191
ask of	191
associate with	165
at a time	143
at all events	167
at any rate	167
at best	27
at best	173
at ease	183
at first	153
at first hand	181
at hand	197
at last	155
at most	27
at night	151
at noon	151
at once	155
at second hand	181
at that time	143
at the beginning of	101
at the best	173
at the cost of	167
at the end of	119
at the expense of	167
at the same time	143
at the sight of	133
at the worst	173
at times	147
at worst	173
attend (at)	189
attend on	189
attend to	189
attract one's attention	61
attribute A to B	165
avail oneself of	167

B

B as well as A	171
be a good bet	47
be a safe bet	47
be about to do	173
be absent from	165
be against	179
be anxious about	45
be anxious for	45
be at home	21
be at home in	175
be at home on	175
be bad off	185
be badly off	185
be bound for	69
be bound to	69
be compelled to do	171
be concerned about	199
be concerned for	199
be concerned with	199
be dependent on	185
be divided into	81
be dying to ~	43
be familiar to	199
be familiar with	199
be filled with	81
be for	179
be forced to do	171
be free to	49
be full of	81
be going to	107
be good at	47
be good for	47
be in bad spirits	183
be in charge of	173
be in control (of)	197
be in great spirits	183
be in high spirits	183
be in low spirits	183
be in need of	171
be in poor spirits	183
be in the way	135
be in want of	171
be independent of	185
be indifferent to	185
be interested in	185
be known as	63
be known to	63
be lacking in	171
be lost	133
be made from	21
be made into	23
be made of	21
be made up of	21
be obliged to do	171
be on the point of	173
be over	155
be possessed by	199
be possessed of	199
be possessed with	199
be responsible for	173
be short of	171

be sick in bed	45	can't help doing	161	cut off	33
be sick of	45	cannot but	161	cut out	33
be sorry for	65	care about	45	cut out for	33
be sure of	199	care for	45		
be sure to do	199	carry out	47	**D**	
be surprised at	35	catch on	61		
be thankful for	93	catch one's attention	61	dare to	105
be the last person to do	155	catch sight of	181	day after day	149
be under control (of)	197	catch up with	61	day and night	151
be used for	73	charge ~with	165	deal in	189
be used to ~ing	73	check in	95	deal with	189
be well off	185	check out	95	decide to	105
be well-informed	175	cheer up	91	depend on	115
because of	97	come about	109	depend upon	115
become worse	129	come across	109	devote oneself to	117
before everything else	175	come along	109	die down	101
begin with	101	come back (to~)	121	die from	43
behind one's back	183	come by	109	die of	43
behind the times	147	come from	109	die out	43
behind time	147	come in	109	dig up	117
beside oneself	195	come into	109	dispense with	161
beside the point	181	come on	115	distinguish A from B	163
beside the point	193	come out	109	divide A into B	81
beside the question	193	come out of	109	do ~ good	47
boil down	101	come over	121	do ~ harm	47
breathe in	41	come to an end	119	do a good job	47
bring A to B	69	come to one's mind	107	do an experiment	115
bring about	69	come to~	119	do away with	31
bring home to	21	come true	119	do exercise	115
bring up	69	come up	109	do one's best	27
buy out	179	come up with	109	do one's homework	115
by all means	181	commit suicide	161	do without	161
by and large	171	compare A to B	189	don't have to	117
by any means	181	compare A with B	189	draw one's leg	95
by chance	105	compensate for	47	dream about	105
by degrees	169	consider A as B	163	dream of	105
by no means	181	consist in	189	drop ~ a line	115
by oneself	195	consist of	189	drop by	115
by step	69	consist with	189	drop in	115
by the time (that)	143	control one's temper	183	drop off	115
by the way	135	cooperate with	125	drop out	115
by turns	59	correspond to	191	due to	93
by way of	135	correspond with	191	due to	97
		count for nothing	115		
C		count in	115	**E**	
		count on	115		
call on	85	crack down	101	end in	119
call out	85	cross one's mind	107	enjoy ~ing	61
call up	85	cut down	33	enjoy oneself	61
calm down	91	cut down on	33	every once in a while	153
can't help but	161	cut in line	33		

단어 Index | **209**

F

fail in	89
fail to	89
fall asleep	87
fall back on	91
fall behind	87
fall down	89
fall in love (with)	91
fall in with	91
fall off	89
fall on	87
fall out with	91
fall through	91
far from	199
feel at home	21
feel like ~ing	65
feel proud of	65
feel sorry for	65
fill A with B	81
fill in for	81
fill in on	81
fill out	81
fill up	81
find one's way	135
first of all	153
follow in one's footsteps	69
for a long time	147
for a minute	153
for all	169
for free	167
for good	47
for nothing	167
for one's own sake	195
for oneself	195
for some time	147
for the first time	143
for the most part	171
for the present	147
for the purpose of	169
for the time being	147
free of charge	167
from now on	153
from time to time	147

G

gain one's sight	57
gain weight	57
generally speaking	99
get a bad grade	127
get a chance to	105
get a good grade	127
get along (with)	127
get angry	129
get away with	31
get back	127
get hold of	101
get in	129
get in the way	135
get in touch (with)	71
get lost	133
get married to	127
get off	129
get on	129
get on with	129
get one's own way	135
get out of	129
get ready for	127
get ready to	127
get rid of	127
get sight of	181
get somewhere	129
get the boot	129
get through	129
get to	129
get together	127
get worse	129
give away	31
give in	31
give it a try	27
give off	31
give one's best wishes to	51
give one's love to	91
give out	31
give up	31
give way	135
go abroad	107
go across	107
go around	107
go back (to~)	121
go back on	121
go beyond	121
go by	111
go on	117
go on a picnic	113
go out	113
go out of	113
go straight	121
go through	111
go to bed	87
go to sleep	87
go to the movies	113
go to the trouble of	169
go too far	111
go up	117
go without	161
go wrong	111

H

hammer ~ home	21
hang up	85
have ~ on	57
have a chance to	105
have a good time	141
have a good time	47
have a look at	75
have a lot to do with	141
have a mind to ~	141
have a talk (with)	83
have a way with	135
have an effect on	141
have difficulty (in)	141
have fun	141
have no choice (but to)	141
have no difficulty (in)	141
have no trouble (in)	141
have nothing to do with	141
have one's own way	135
have respect for	141
have responsibility for	141
have something to do with	141
have the 미 to	141
have trouble (in)	141
head for	51
hear about	191
hear from	191
hear of	191
hit on[upon]	163
hold back	101
hold fast to	101
hold good	47
hold on	101
hold out	101
hold up	101
hold water	101

I

ill at ease	183
impute A to B	165
in a little while	153

in a word	171		keep down	101		look up to	79
in all	171		keep early hours	71		look upon A as B	163
in any case	167		keep in touch (with)	71		lose no time in ~ing	147
in any event	167		keep late hours	71		lose one's temper	183
in brief	171		keep off	71		lose sight of	181
in business	183		keep on	71			
in charge of	197		keep on ~ing	71		**M**	
in harmony with	125		keep one's promise	71			
in itself	195		keep one's temper	183		major in	161
in many ways	135		keep out	71		make (both) ends meet	119
in no time	147		keep up	71		make (good) time	147
in private	181		kill oneself	161		make (good) use of	167
in public	181		kill time	143		make (good) use of	73
in regard to	167		know ~ by heart	63		make a call	85
in respect to	167		know A from B	163		make a choice	17
in short	171					make a difference	17
in sight	133		**L**			make a fire	19
in some ways	135					make a mistake (in)	19
in spite of	169		last but least	155		make a noise	19
in spite of oneself	195		last night	151		make a plan	17
in surprise	35		last time	143		make a point of doing	169
in the afternoon	151		laugh at	91		make a practice of doing	169
in the end	119		lay aside	161		make a reservation	23
in the end of	119		lead the way	135		make a speech	23
in the evening	151		leave ~ alone	51		make a trip	23
in the future	149		leave ~ behind	51		make allowances for	163
in the long run	39		leave a lot to be desired	51		make an effort	19
in the morning	151		leave for	51		make away with	31
in the past	149		leave nothing to be desired	51		make do with	23
in those days	149		leave off	51		make for	23
in turn	59		leave out	51		make friends (with)	133
inquire after	191		let alone	163		make fun of	19
inquire into	191		little by little	169		make good	47
inquire of	191		look after	77		make it	23
interfere in	191		look around	75		make it a practice to do	169
interfere with	191		look at	75		make it a rule to do	169
			look back (up)on	77		make money	19
J			look down on	79		make notes of	193
			look down one's nose at	79		make off with	23
jot down	101		look for	79		make one's choice	17
			look forward to ~ing	77		make one's way	135
K			look into	79		make oneself at home	23
			look like	77		make out	17
keep .. in mind	107		look on	77		make over	23
keep a diary	71		look out	75		make sense	17
keep A from B ~ing	71		look out for	77		make short work of	83
keep a promise	71		look over	77		make sure	17
keep after	71		look through	79		make the best of	27
keep away from	165		look to	77		make the most of	27
keep back	101		look to A for B	77		make up	21
keep company with	165		look up	79		make up for	21

make up one's mind	107	
many times	147	
much less	163	

N

never fail to do	173
next to	173
no less than	175
no way	135
not less than	175
not more than	175
not only A but (also) B	171
not to mention	163
not to say anything of	163
not to speak of	163
nothing but	193

O

occur to	163
of one's own	185
of oneself	195
of use	73
off duty	183
off hand	197
on (the) grounds of	93
on account of	93
on business	183
on charge of	197
on duty	183
on earth	97
on end	119
on hand	197
on one's way (to)	135
on one's own	185
on the contrary	199
on the decrease	181
on the increase	181
on the phone	85
on the run	39
on the way (to)	135
on[upon] the whole	169
once in a while	153
once upon a time	147
one day	149
only a few	193
out of breath	41
out of business	183
out of date	151
out of mind	197

out of one's mind	197
out of question	193
out of sight	133
out of the question	193

P

pass away	37
pass by	37
pass for	37
pass out	37
pass through	37
pay a visit to	95
pay attention to	61
pay back	95
pay for	95
persuade A into B	179
persuade A out of B	179
pick out	93
pick up	93
place an order	139
play down	101
play up	101
prefer A to B	61
prefer to A (rather than B)	61
presence of mind	183
promise to~	71
provide A with B	125
pull one's leg	95
pull out	95
pull up	95
put A into B	55
put an end to	119
put aside	161
put away	55
put down	57
put off	55
put on	57
put on weight	57
put out	57
put through	57
put together	55
put up	55
put up at	57
put up with	55

Q

quite a few	193

R

recall to one's mind	107
regard A as B	163
remember doing	191
remember to do	191
remind A of B	121
result from	191
result in	191
right now	153
run across	39
run after	39
run around	39
run away	39
run for	39
run into	39
run out of	41
run out of options	41
run over	39
run-of-(the)-mill	39

S

say good-bye (to)	99
say hello to	99
say to oneself	99
sell out	179
set ~ free	49
set aside	161
set at naught	49
set forth	49
set out	49
set store by	49
set the table	49
set up	49
settle down	101
share A with B	125
sit down	43
smile at	91
so far	175
some day	149
sooner or later	155
speak badly of	179
speak ill of	179
speak well of	179
speaking of	165
specialize in	161
stand by	43
stand for	43
stand in line	43
stand out	43

stand to reason	43	
stand up	43	
stand up for	43	
stare at	75	
stay away from	165	
step on (one's foot)	69	
step up	69	
still less	163	
stop A from B ~ing	29	
stop by	29	
stop -ing	29	
succeed in	91	

T

take a bus	139
take a look at	75
take a picture	139
take a subway	139
take a train	139
take a trip (to)	139
take account of	163
take advantage of	167
take after	139
take an exam	139
take an order	139
take back	139
take by surprise	35
take down	139
take hold of	101
take in	139
take into account	163
take into consideration	163
take note of	193
take notes of	193
take off	139
take on	141
take one's time	147
take out	139
take over	141
take pains	169
take part in	139
take pride in	139
take the trouble	169
take turns	59
take up	141
talk A into B	179
talk A out of B	179
talk about [of]	83
talk to	83
talk to oneself	83

talking of	165
tell A from B	163
thank A for B	93
thanks to	93
that is	99
that is to say	99
that way	135
the next day	149
the number of	193
the other day	149
the straight and narrow	121
these days	149
think A as B	163
think badly of	179
think ill of	179
think well of	179
this way	135
to cut a long story short	171
to make a long story short	171
to no end	119
to one's face	183
to one's surprise	35
to say nothing of	163
to tell the truth	99
to the best of my knowledge	175
to the contrary	199
to the minute	153
to the point	181
to the purpose	181
try ~ing	27
try on	29
try one's best	27
try to	27
tumble down	89
turn A (in)to B	59
turn around	59
turn away	59
turn down	59
turn into	59
turn left/right	59
turn off	57
turn on	57
turn out	59
turn over	59
turn over a new leaf	59

U

until now	175
up to date	151
up to now	175

up to the minute	153
up to the present	175
used to	73

V

vote against	179
vote for	179

W

wait for	189
wait on	189
warm up	77
watch out	75
what is better	185
what is called	85
what is worse	185
wide of the mark	181
with a sigh	97
with a smile	91
with a view to	169
with all	169
with best wishes	51
with ease	183
with regard to	167
with respect to	167
with surprise	35
without fail	173
without question	193
work for	83
work on	83
work out	83
would rather A (than B)	61
write (to)	101
write down	101